Les 5 clés de succès du chef de projet

DUNOD

Tout le catalogue sur
www.dunod.com

DUNOD
ÉDITEUR DE SAVOIRS

Dessin : Olivier Prime

5 rue Laromiguière, 75005 Paris
www.dunod.com
ISBN 978-2-10-071692-0

Avant-propos

Vous voilà chef de projet : bravo ! On pressent ou reconnaît en vous les qualités indispensables à la mission. Les délais sont fixés, l'objectif global défini. Maintenant, à vous de jouer... Mais comment ? Tant de projets patinent faute de pilote averti ! Si ce projet est une première pour vous ou si vous vous demandez par quel bout en prendre le pilotage, ce livre est fait pour vous !

Qu'il s'agisse de changer une organisation, modifier des *process*, lancer un produit ou de tout autre type de projet, votre réussite dépend de votre capacité à activer certains leviers. En voici les clés.

Simple et facile d'accès, *Les 5 clés de succès du chef de projet* est un vrai gage de montée en compétences. En un temps minimum, vous allez acquérir les réflexes du chef de projet : à vous la phase d'initialisation fiabilisée et le projet clairement structuré ! Succès assuré dans le management des parties prenantes, garantie de maîtriser les risques !

Suivez pas à pas *Les 5 clés de succès du chef de projet*. Vous y trouvez la méthode pour organiser, planifier et piloter le projet. Fort des conseils et exemples développés, vous voilà armé pour conduire votre équipe jusqu'à l'objectif visé.

Les 5 clés de succès du chef de projet propose :

- un quiz d'entrée pour vous mettre en appétit ;
- l'essentiel des connaissances à maîtriser ;
- des notions clairement et simplement expliquées ;
- des exemples précis ;
- un lexique français/anglais.

Avec *Les 5 clés de succès du chef de projet*, déployez votre talent de chef de projet !

Pour aller plus loin, rendez-vous sur le site du livre

www.csp.fr/livreCP

Sommaire

Quiz

Une ou plusieurs réponses sont possibles.

1.	Le chef de projet est amené à travailler avec un groupe d'équipiers projet. Sa priorité est de	**a.** distribuer les tâches à chaque membre de l'équipe. **b.** transformer ce groupe de personnes en une équipe. **c.** les informer des règles de pilotage.
2.	La phase de planification du projet consiste à	**a.** construire le planning de Gantt du projet. **b.** structurer le projet en grandes familles de tâches. **c.** planifier les points de pilotage du projet.
3.	Le recensement des parties prenantes d'un projet	**a.** est de la responsabilité du sponsor du projet. **b.** se réalise en fin de projet pour alimenter le bilan de projet. **c.** fait partie intégrante des missions du chef de projet.
4.	La communication dans le projet inclut	**a.** les actions de communications formalisées dans le planning. **b.** la présentation au sponsor des résultats finaux du projet. **c.** la communication informelle du chef de projet (les temps de partage, de rencontre).
5.	Le contrat de projet (lettre de mission de projet) est	**a.** un document contractuel rédigé par le client externe. **b.** un document écrit par le sponsor pour le comité de direction. **c.** déclenché par le chef de projet qui le fera valider par le sponsor.

6.	Que faire si le chef de projet identifie un risque fort de rejet de son projet par le personnel qui en subit les conséquences ?	**a.** Considérer le rejet comme normal : le personnel va forcément adhérer au projet avec le temps. **b.** Mettre en place des actions de communication adaptées auprès du personnel pour le faire adhérer au projet. **c.** Intégrer ce risque dans le pilotage du projet.
7.	Le management des risques dans le projet consiste à	**a.** identifier les risques principaux du projet et proposer des plans de secours pour réagir en cas d'apparition du risque. **b.** fiabiliser le planning de Gantt. **c.** minimiser l'apparition des risques majeurs identifiés.
8.	Un chef de projet devrait pouvoir s'appuyer sur	**a.** sa compétence technique et son expertise opérationnelle. **b.** ses compétences humaines, de leadership. **c.** ses compétences en management de projet (méthodes, outils).

Réponses :

1 b ; 2 a, b, c ; 3 c ; 4 a et c ; 5 c ; 6 b et c ; 7 a, b, c ; 8 a, b et c

PROJET

CLÉ 1

Placer l'humain au cœur de la démarche

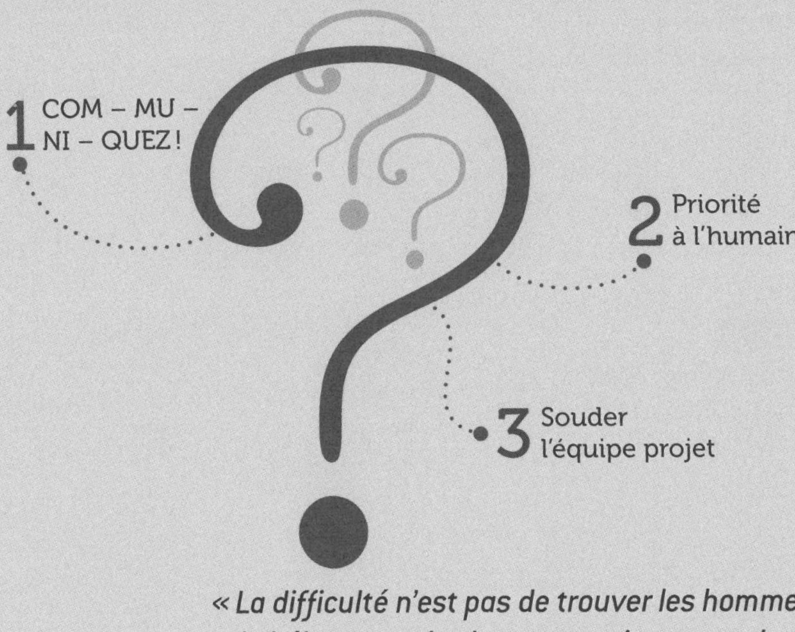

« La difficulté n'est pas de trouver les hommes qui obéissent ou les hommes qui commandent, mais les hommes qui marchent ensemble. »

Georges Bernard Shaw

1. COM – MU – NI – QUEZ !

→ EN BREF

La communication est la clé du management de projet. Elle garantit un travail d'équipe efficace.

Huiler la roue de l'amélioration continue

La démarche projet suit une logique d'amélioration continue. Le principe en a été formalisé dans les années 1950, selon un modèle en quatre étapes, connu sous le nom de roue de Deming et l'acronyme PDCA *(plan, do, check, act)*. Il s'agit de chercher à atteindre un objectif en capitalisant continuellement l'expérience.

La roue tourne en continu et fait se succéder quatre phases :

- préparer et planifier *(plan)* ;
- mettre en œuvre les actions planifiées pour atteindre l'objectif fixé *(do)* ;
- évaluer les résultats obtenus *(check)* ;
- ajuster les actions en fonction des écarts constatés *(act)*.

Ces quatre phases se répètent tant que l'objectif n'est pas atteint.

Repère express

On peut avoir un bon *plan*, un bon *do*, un bon *check* et un bon *act* : sans communication il n'y aura pas de PCDA efficient.

La roue de l'amélioration continue

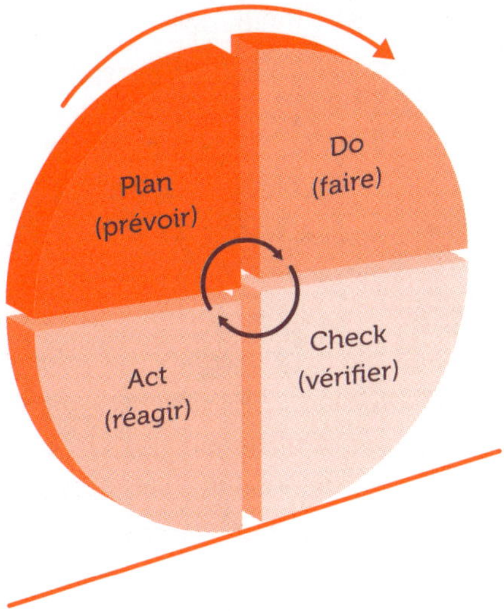

Pour qu'une roue tourne correctement, il faut l'huiler. La communication est en quelque sorte l'huile du PCDA d'un projet.

Perdre du temps pour en gagner

Le temps, c'est de l'argent

Jérôme travaille dans une entreprise industrielle dont l'activité principale est de transformer du verre plat pour le secteur du bâtiment. Le projet qu'il dirige vise à élaborer un nouveau *process* industriel de fusion du verre.

La durée fixée pour ce projet est de douze mois comprenant la phase d'étude, la destruction du *process* actuel, la construction du nouveau *process* et la formation du personnel. Autant dire que Jérôme doit aller vite.

Pour réaliser ce projet, Jérôme s'appuie sur une équipe qui ne lui est pas dédiée à 100 % : les membres continuent de contribuer à l'activité de leurs services respectifs (achats, formation, bureau d'étude, qualité). Certains d'entre eux participent même à d'autres projets en cours dans l'entreprise. Jérôme n'a aucun pouvoir hiérarchique sur les ressources humaines allouées au projet. L'organisation matricielle de l'entreprise crée une relation purement fonctionnelle entre Jérôme et cette équipe dont les membres courent tous après le temps pour atteindre leurs propres objectifs.

Ils l'ont dit

« On a toujours assez de temps quand on l'emploie bien. »

Goethe

Pascal, le sponsor du projet, a fortement insisté sur la nécessité pour Jérôme de respecter la date finale du projet : « Aucun retard possible ! L'enjeu est important car l'impact financier serait énorme, la production étant stoppée durant le projet. Le non-respect du délai empêcherait d'honorer les commandes en cours et futures et générerait une très forte insatisfaction des clients. »

Investissez !

C'est bien parce que chacun a les yeux rivés sur ses *deadlines* que le chef de projet, Jérôme, doit investir son propre temps en communication informelle : discuter, partager avec les membres de l'équipe projet. Personne n'a le temps ? Raison de plus !

En mode projet, la notion de temps est complexe car élastique : si la durée globale du projet est fixée, les jalons peuvent bouger. Le chef de projet a donc la latitude de décider de « perdre » un peu de temps. C'est en se donnant cette

Repère express

À vous de décider ce que vous faites de votre temps.

marge de manœuvre que le chef de projet met de l'huile dans les rouages de son projet.

Jérôme a une forte pression sur le respect d'un planning serré dès le départ. Malgré ces contraintes de temps, il prévoit de bloquer dans son agenda des plages de deux heures pour rencontrer de manière informelle les acteurs du projet. C'est un choix qu'il assume.

Aujourd'hui, il a invité Christian, l'ingénieur de production, et trois autres collaborateurs de l'équipe de production à prendre un café. La discussion tourne d'abord autour de leur passion commune, la course en montagne. Chacun y va de sa dernière performance et de ses découvertes.

Ils l'ont dit

« Comme rien n'est plus précieux que le temps, il n'y a pas plus grande générosité qu'à le perdre sans compter. »

Marcel Jouhandeau

Puis Jérôme enchaîne : « Et dis-moi, comment se passe ton travail dans le projet de construction du nouveau *process* industriel ? Ça va comme tu veux ?

– Globalement, je dirais que ça se passe bien. À ce jour, le planning est tenu mais j'ai des craintes sur les prochaines phases. Je vais avoir besoin d'informations venant de notre prestataire X et je doute de les recevoir à temps...

– Ah bon ! Qu'est-ce qui te fait dire cela ?

– Mon expérience avec ce prestataire. Je l'ai appelé hier sur un autre point et j'ai tâté le terrain sur notre projet. Là, je l'ai senti très évasif sur le sujet, pas au clair. Ce qui m'inquiète, c'est qu'il n'a pas l'air d'avoir conscience de l'impact de son travail sur mon planning et sur le projet en globalité.

– Ah ! Le sujet est effectivement délicat. Tu as bien fait de m'en parler, merci. Je te propose que nous allions ensemble discuter avec lui. On pourra comprendre les vrais problèmes et construire un plan d'action pour traiter ce risque. »

L'échange informel a un impact évident sur la relation entre le chef de projet et son équipe : il se montre accessible, à l'écoute, disponible. De plus, c'est au détour de la conversation que Jérôme identifie pour la première fois le risque important qu'un prestataire fait courir à son projet. Aucun signe avant-coureur, aucun signalement lors de la réunion initiale d'analyse des risques : autant dire que sans cette discussion, le risque aurait pu devenir un gros problème avec des conséquences dramatiques sur le résultat final du projet.

Reconnaître et valoriser les personnes

L'échange entre Jérôme et Christian prouve la nécessité de privilégier les moments de rencontres physiques. Ne vous contentez pas de communiquer en envoyant des mails ou en décrochant votre téléphone ! Soyez-y d'autant plus vigilant si vous travaillez avec une équipe délocalisée, multisites voire multipays : les outils de communication, si utiles soient-ils, ne remplacent jamais le contact humain.

Ils l'ont dit

« La reconnaissance silencieuse ne sert à personne. »

Glady Bronwyn Stern

Prendre le temps de rencontrer les acteurs du projet est une façon de mettre chacun en valeur, de lui montrer l'importance de sa contribution au projet.

C'est ce que fait Jérôme en remerciant Christian d'avoir abordé sa préoccupation et en montrant sa volonté d'agir avec lui pour dissiper le risque.

Qui plus est, en agissant ainsi, Jérôme booste la motivation, ce que nous verrons plus loin.

Quatre règles d'or permettent de montrer sa reconnaissance aux acteurs :

- être soi-même convaincu de la valeur de l'acteur, être à l'écoute ;
- avoir le courage de dire explicitement cette reconnaissance ;
- exprimer cette reconnaissance à la personne concernée et/ou à l'équipe projet ;
- s'impliquer personnellement dans cette reconnaissance (en disant « je »).

→ RÉCAPITULONS

Un chef de projet a tout intérêt à miser sur la communication informelle et le contact direct avec les acteurs de son projet. Ainsi, il :

- met de l'huile dans la roue de l'amélioration continue de son projet ;
- investit du temps qui, au final, lui en fera gagner ;
- implique les acteurs dont il reconnaît la valeur dans la réalisation du projet.

2. Priorité à l'humain

→ EN BREF

Avant de se ruer sur les méthodes et les outils, le chef de projet doit s'intéresser aux ressources humaines qui lui sont allouées et dont il a absolument besoin pour réaliser le projet.

Regarder les acteurs dans les phases du projet

Le cycle de vie d'un projet compte cinq phases. À chacune correspondent des outils et méthodes qui permettent au chef de projet de réaliser les tâches.

Les cinq phases du projet et les tâches correspondantes

Phase du projet	Actions à mener
Initialisation	• Définir un nouveau projet ou une nouvelle phase d'un projet. • Autoriser le lancement du projet
Planification	• Affiner le périmètre du projet, les objectifs • Définir les grandes tâches, actions à réaliser pour atteindre les objectifs
Réalisation	• Réaliser le travail défini dans le plan de management de projet pour satisfaire les spécifications
Pilotage	• Suivre l'avancement du projet et de ses performances • Manager le changement
Clôture	• Finir les activités de toutes les phases • Clôturer formellement le projet ou la phase

Attention à ne pas devenir trop rigide sur la méthode en omettant de se soucier en priorité de l'équipe. Ainsi, dans son projet, Jérôme doit d'abord considérer les membres de son équipe, notamment en évaluant quels peuvent être leurs difficultés ou besoins :

- Arnaud est responsable de mener les études techniques du nouveau four de fusion du verre : a-t-il besoin de soutien ?

Repère express

Placez-vous dans une logique de proximité et de soutien aux membres de l'équipe.

- Christian assure l'interface avec la production : comment s'en sort-il avec les contraintes opérationnelles, les flux logistiques, la planification des charges de travail ?
- Stéphanie est responsable de la partie qualité produit et système : comment parvient-elle à assurer la conformité aux normes produit et la cohérence avec le système qualité, environnement et sécurité (certifications ISO) ?
- Carole a en charge la formation des opérationnels (personnels de la fabrication et de la maintenance) : arrive-t-elle à intégrer dans ses formations les aspects sécurité au travail ?
- Alix gère les fournisseurs : comment se passe la contractualisation ? Et le pilotage ?

Ces questions, Jérôme doit se les poser dans une logique de soutien à son équipe.

Ils l'ont dit

« Vous n'aurez jamais une seconde chance de faire une première bonne impression. »

Gustave White

Oublier de placer l'humain au cœur de la démarche voue à l'échec.

Ce qui est vrai pour le *kick off meeting* (la réunion de lancement d'un projet) l'est aussi pour toutes les rencontres d'équipe : il s'agit toujours, pour le chef de projet, de transformer un groupe en une équipe. Il joue à chaque fois sa crédibilité, indispensable pour convaincre et donner envie à l'équipe de le suivre dans le projet.

Faire connaître, faire adhérer, faire agir

Comment embarquer l'équipe ? En communiquant selon trois axes :

- **Faire connaître :** expliquer le projet, le pourquoi (les enjeux) et le comment (la méthode).

- **Faire adhérer :** montrer ce que le projet va apporter à l'équipe projet, ce que chacun y gagnera. Faire preuve d'empathie.
- **Faire agir :** impliquer l'équipe projet, rendre chacun acteur en le responsabilisant. Ce point est fondamental pour la motivation de l'équipe.

> **Repère express**
> La communication poursuit trois objectifs : information, adhésion, action.

Prenons l'exemple d'une revue de projet menée par Jérôme. L'équipe (Arnaud, Stéphanie, Christian, Carole et Alix) se réunit pour analyser avec lui les risques sur le planning. Jérôme amorce : « Je vous remercie de votre présence. Aujourd'hui nous mènerons une analyse de risques sur nos plannings. L'objectif de la démarche est de fiabiliser notre projet sur les aspects qualité, coûts et délai. Je vous rappelle que l'enjeu principal de notre projet et le respect du délai final, fondamental en termes d'impact sur les coûts et la satisfaction de nos clients. Nous suivrons une méthode en trois étapes. La connaissez-vous ? L'avez-vous déjà utilisée ?

> **Repère express**
> Souvenez-vous que les membres de l'équipe agissent d'abord pour leurs raisons et non pour les vôtres !

– Écoute, l'interrompt Arnaud, je te propose qu'on entre directement dans les actions à mener. On sait ce qu'on a à faire et les risques, on les connaît déjà ! Franchement, Jérôme, cette réunion est une perte de temps !

– À vrai dire, je n'ai aucun recul sur le sujet, temporise Stéphanie. Donc, pourquoi ne pas emprunter la méthode ? Je suis partante.

– Je demande à voir, avance Christian.

– Je partage un peu l'avis d'Arnaud, répond Carole. Je crains que ce soit très consommateur de temps et comme tu l'as dit, Jérôme, le temps est compté !

Jérôme se tourne vers Alix : Tu ne t'es pas exprimée. Quel est ton point de vue ?

– Je pense que c'est fondamental : j'ai déjà participé à plusieurs projets et je peux vous dire que j'ai sacrément vu la différence sur les résultats et sur le management du projet selon que l'on faisait cette analyse des risques ou pas ! Vraiment, Arnaud et Christian, vous verrez que le temps investi à cette étape nous permettra d'en gagner énormément par la suite.

Repère express

Prenez le temps d'écouter les points de vue des membres de l'équipe.

– Je partage complètement l'avis d'Alix, intervient Jérôme. Si je vous ai tous réunis ici aujourd'hui, c'est que vous avez toutes les compétences pour que nous soyons pertinents, rapides et efficaces dans cette analyse des risques ! Je vais vous expliquer rapidement la méthode. Vous verrez que cette analyse des risques vous permettra d'optimiser votre travail : vous maîtriserez les différentes ressources dont vous avez besoin pour réaliser vos tâches. Vous devriez donc y gagner en sérénité dans votre activité. Allons-y sur la première partie de notre planning. Faisons un brainstorming sur l'identification des risques, je vous écoute... »

Ils l'ont dit

« La confiance est un élément majeur : sans elle, aucun projet n'aboutit. »

Éric Tabarly

Pourquoi peut-on dire que Jérôme se révèle un bon chef de projet ?

Son souci de communiquer et de considérer les personnes l'emporte sur la méthode et les outils associés : Jérôme sait que pour être efficace la méthode doit être comprise et partagée par tous. Il s'appuie sur la règle « faire connaître, faire adhérer, faire agir ».

Tout en se portant garant de la méthode, Jérôme assure l'expression libre de chacun. Il est bien en positon d'écoute, d'analyse, de compréhension. Il montre à l'équipe qu'il compte sur le savoir-faire de chacun dans son domaine. Au passage, il évalue le niveau de maturité de l'équipe sur le sujet et pourra ainsi adapter son explication de la méthode.

Enfin, le tour de table lui permet de diagnostiquer qui sont ses alliés, ses opposants et les indifférents à la démarche. Ainsi, il s'appuiera stratégiquement sur Alix pour contredire et/ou convaincre un opposant tel qu'Arnaud. L'objectif prioritaire de Jérôme, durant cette réunion, est de convaincre les indifférents (Christian et Stéphanie) tout en écoutant, voire en valorisant ceux qui sont contre (Arnaud et Carole). De fait, même opposants, Arnaud et Carole font partie de l'équipe et Jérôme a besoin d'eux dans le projet !

Repère express

Demandez à chaque membre de l'équipe : « Pour vous, qu'est-ce qu'un projet bien mené ? » Vous serez surpris de la diversité des réponses !

→ RÉCAPITULONS

Le chef de projet est :

- à la tête d'un groupe qu'il lui appartient de transformer en équipe ;
- garant de la méthode à déployer ;
- responsable de faire adhérer et agir chaque membre de son équipe en lui montrant sa valeur ajoutée dans le projet.

3. Souder l'équipe projet

→ **EN BREF**

Une équipe, c'est un groupe d'hommes et de femmes à réunir autour d'un projet commun. Elle a tôt fait de dysfonctionner si le chef de projet néglige de définir des objectifs, une organisation, des règles du jeu et des principes de communication.

Repère express

Plus l'équipe est unie, plus le projet avance efficacement.

Des objectifs clairs

Les objectifs à atteindre méritent d'être clairement définis, compris et communiqués, quelle que soit leur nature :

- objectifs d'équipe ;
- objectifs individuels ;
- objectifs finaux (du projet global) ;
- objectifs intermédiaires.

Partager des objectifs de performance crée l'équipe. Dans le cas de Jérôme, l'objectif global est bien clair. Il s'agit de construire en douze mois un nouveau processus industriel de fusion du verre.

Repère express

Faute de vision, la motivation s'éteint.

Si la destination finale peut paraître lointaine, libre au chef de projet de déterminer des objectifs intermédiaires. Par exemple, Jérôme a fixé un premier objectif à trois mois : avoir réalisé 60 % des études et des cahiers des charges pour envoi aux fournisseurs.

Quand ils sont atteints, ces objectifs intermédiaires donnent l'occasion de célébrer des victoires. Pensez aux marathoniens : chaque objectif fixé et atteint au fil des kilomètres (tel ravitaillement, tel passage, tel chrono) est une victoire qui booste leur énergie jusqu'à la ligne d'arrivée...

Repère express

Jalonnez le parcours jusqu'à l'objectif final.

Une organisation connue et reconnue

Dans son équipe, Jérôme mise sur la complémentarité des compétences, des profils, des personnalités. Il a sollicité des personnes aux parcours variés : des techniciens, un ingénieur de production, une responsable formation, une acheteuse. Ce mélange évite de tomber dans des modes de pensée automatiques qui freinent la créativité et faussent parfois le bien-fondé des décisions.

Repère express

Quand tout le monde pense pareil, plus personne ne pense.

Attention : il y a parfois concurrence voire conflit entre les objectifs du projet et les objectifs individuels. Le cas est classique quand les membres de l'équipe, comme celles de Jérôme, ne sont pas affectés à 100 % au projet. Alix, par exemple, a des objectifs annuels très ambitieux. Il lui sera difficile de se montrer performante sur tous les fronts et elle peut être tentée de privilégier ses objectifs individuels.

Au chef de projet de prévenir le risque d'une éventuelle démobilisation en s'assurant que chacun a sa place dans l'équipe, connaît ses rôles et responsabilités ainsi que ceux des autres membres de l'équipe (voir clé 3).

Repère express

Plus l'organisation est explicite, mieux elle est reconnue et plus chacun se sent responsable de contribuer au succès du projet.

Des règles du jeu définies et partagées

Une équipe fonctionne avec des règles dont les enjeux diffèrent.

- **Les méthodes et outils de gestion de projet** : si c'est le chef de projet qui les choisit et les adapte en fonction de son projet, il doit ensuite les partager avec l'équipe projet, à l'instar de ce qu'a fait Jérôme pour l'identification des risques sur le planning.

> **Repère express**
>
> La méthode (l'outil) ou la règle est efficace si les acteurs l'acceptent et la comprennent.

- **Les règles de pilotage et de *reporting*** : question pilotage, mieux vaut que l'ensemble de l'équipe s'accorde sur le contenu, la fréquence et les responsabilités respectives de sa mise en œuvre.
- **Les règles de fonctionnement de l'équipe**, expliquant comment les membres de l'équipe collaborent. Elles peuvent être issues d'une décision commune.

Une communication continue

Le chef de projet doit faire circuler l'information tant sur ce qui va bien dans le projet que sur ce qui coince ou patine. Il peut s'y efforcer en demandant à chacun d'arriver à la revue de projet en ayant rempli un tableau-bilan (voir clé 5).

Si les membres de l'équipe partagent leurs avancées, le projet collectif bénéficie de la dynamique des succès individuels. S'ils parviennent à s'informer les uns les autres sur leurs inquiétudes et leurs difficultés, ils cherchent ensemble des solutions et le projet encourt moins de risques.

→ RÉCAPITULONS

Pour garantir l'efficacité de son projet, le chef de projet doit chercher à :

- fédérer autour d'objectifs finaux et intermédiaires clairement définis ;
- clarifier les rôles et responsabilités de chacun dans l'organisation du projet ;
- (faire) établir des règles collectivement acceptées ;
- favoriser la circulation de l'information.

ET VOUS ?

1. Quelle place donnez-vous à la communication informelle dans vos projets ? Êtes-vous prêt à offrir du temps aux membres de l'équipe et si oui, sous quelle forme ?

2. Repensez à votre dernière réunion d'équipe : dans quelle proportion appliquez-vous le triple principe « faire connaître, faire adhérer, faire agir » ?

3. Comment impliquez-vous les acteurs du projet ?

4. Quelle décision concrète prenez-vous pour améliorer le fonctionnement de votre équipe en misant sur l'humain ?

CLÉ 2

Fiabiliser le projet : assurer l'initialisation

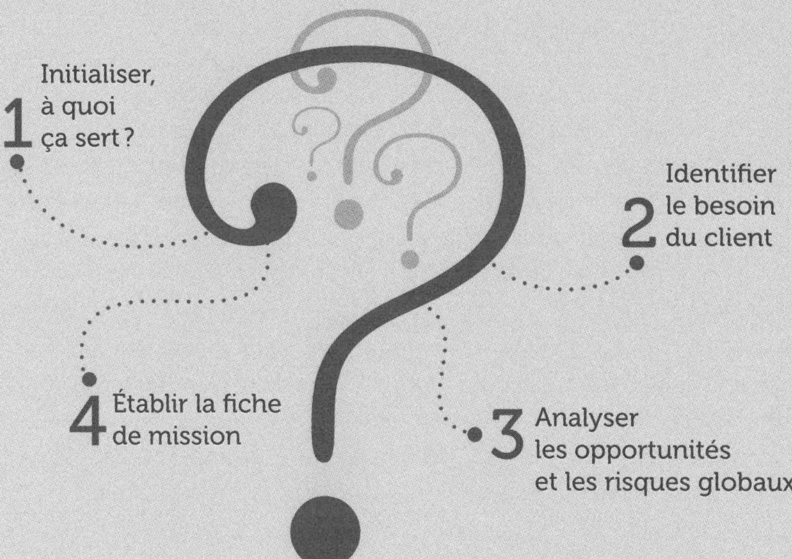

« Un problème sans solution est un problème mal posé. »

Albert Einstein

1. Initialiser, à quoi ça sert ?

→ EN BREF

Ils l'ont dit

Initialiser, c'est « définir un nouveau projet ou une nouvelle phase d'un projet existant en obtenant l'autorisation de débuter le projet ou la phase. »[1]

L'initialisation consiste à cadrer le projet en cernant son contexte et ses enjeux. Primordiale pour la réussite du projet, cette phase conduit à définir des objectifs clairs et précis. Le chef de projet doit poser à cette étape les questions-clés.

Une expérience ratée

Marie témoigne :

« Il y a deux ans, j'ai été embauchée comme responsable qualité, sécurité et environnement (QSE) dans une PME du secteur du tourisme. L'un des objectifs de ma mission étant de mettre en place un nouveau système qualité, j'ai été nommée chef de projet pour la mise en place de cette nouvelle organisation. J'étais d'autant plus enthousiaste et motivée qu'il s'agissait pour moi d'une première expérience en tant que chef de projet.

Claude, le directeur général de l'entreprise m'avait présenté le projet de la façon suivante : *“Marie, je suis très heureux de te compter parmi nous. J'attends beaucoup de toi dans le cadre de ce projet si important pour l'entreprise et son avenir ! Cette démarche QSE est vitale pour l'entreprise car elle correspond à la fois à l'exigence de nos principaux clients et à la*

1. PMBOK® (*Project Management Body Of Knowledge*) du PMI® (*Project Management Institute*)

volonté du groupe auquel nous appartenons de certifier l'ensemble de ses filiales. La double certification ISO 9001 pour la qualité et ISO 14001 pour l'environnement constituera d'ailleurs un des livrables principaux de ce projet. Il faut que tu connaisses quelques éléments du contexte : nous avions déjà lancé une démarche de ce type il y a 5 ans, sans aller jusqu'à la certification. Ça n'a pas été un succès ! Peu de motivation des équipes et peu de résultats en termes de gains obtenus ! Cette démarche a été vécue comme bureaucratique... Tant de documents ont été créés !

Notre ancien responsable qualité, Gilbert, a été muté dans une autre filiale du groupe mais bien évidemment tu pourras le contacter pour tout renseignement.

En termes de délai, je souhaite que nous obtenions cette double certification en fin d'année. Bien évidemment, ce ne sera pas une fin en soi et tu auras, dans le cadre du projet, à travailler sur le déploiement et l'amélioration de notre système QSE. Enfin, vu les charges de travail, je te demande de perturber au minimum l'activité opérationnelle. Je t'ai préparé un document synthétique résumant ce projet, que j'ai appelé 'Note de cadrage projet'. Je pense que tu as tous les éléments pour démarrer le projet, n'hésite pas à venir me voir pour toute question."

Note de cadrage du projet transmise par Claude

Nom du projet	Démarche qualité/environnement
Chef de projet	Marie
Objectifs	Mise en œuvre d'un nouveau système qualité, environnement – Certifications ISO 9001 et 14001
Délai	Fin d'année

Cadre	L'ensemble des activités de l'entreprise et donc les deux sites de l'entreprise (deux régions différentes)
Reporting	Auprès du directeur général à fréquence mensuelle
Contrainte	Ne pas perturber l'activité opérationnelle

Je me suis lancée dans ce projet qui paraissait bien défini et soutenu par la direction.

J'ai commencé par appeler l'ancien responsable qualité, pour recueillir son témoignage sur la première démarche mise en place. Vu mon inexpérience en tant que chef de projet, je me suis appuyée sur mon expertise métier (qualité et environnement) et particulièrement sur les normes ISO 9001 et 14001 pour lancer les premières actions.

Je me suis vite rendu compte que j'allais de difficultés en difficultés : managers et opérationnels manifestaient aussi peu de motivation que d'implication. On me voyait comme l'empêcheur de tourner en rond. J'ai eu beaucoup de mal dans les faits à obtenir le soutien de ma direction qui pourtant paraissait très motivée par ce projet à son début !

Aujourd'hui, après deux ans de travail, ce projet n'est toujours pas clôturé ! Nous avons planifié le passage de l'audit de certification dans six mois. À vrai dire, je me pose la question des critères de clôture de projet et je ne suis pas claire du tout sur le sujet... »

Pourquoi ça patine ?

Les difficultés de Marie résultent de trois erreurs de démarrage :

- Le besoin du client est flou. D'ailleurs, qui est réellement le client du projet de Marie ?

- Les enjeux du projet sont flous. Le DG insinue quelques risques globaux mais de manière incomplète et indirecte.
- Ladite note de cadrage est floue et donc fragile pour la suite du projet.

Par-dessus tout, Marie manque de méthodologie pour savoir par où commencer dans son projet. Avant de se lancer, elle aurait dû se poser un certain nombre de questions incontournables. Bien entendu, elle n'aurait pas eu seule tous les éléments de réponse. D'autres personnes auraient pu les lui donner si elle les avait sollicitées.

Repère express

Au chef de projet d'identifier qui peut lui apporter des éléments de réponse.

→ RÉCAPITULONS

Pour éviter le flou, le chef de projet doit initialiser son projet en trois temps :

- Identifier le client et son besoin précis.
- Analyser les opportunités et les risques contenus dans le projet.
- Rédiger une lettre de mission du projet.

2. Identifier le besoin du client

→ EN BREF

L'identification du client et de son besoin est la première étape d'initialisation du projet.

Qui est le client ?

Repère express

Distinguer le client qui paie de celui qui utilise : les deux peuvent avoir des niveaux de besoin complètement différents.

Pour certains projets, la réponse à cette question est simple. C'est le cas des projets menés directement avec un client externe et ayant fait l'objet d'un contrat.

Quand les projets sont menés en interne, comme celui de Marie, la réponse est loin d'être évidente. Marie doit donc interroger son sponsor (Claude, le DG) car, même si elle a une idée ou un souhait sur la question, c'est lui le décisionnaire. Dans ce projet de mise en place d'un nouveau système QSE, le client est-il :

- le client externe, consommateur du service ?
- le directeur général, déclencheur du projet ?
- le personnel de l'entreprise, acteur du système ?

Selon la réponse du sponsor, le projet varie et, avec lui, son périmètre et ses objectifs. Si Claude décide que ces trois parties prenantes sont clientes du projet, Marie doit identifier les besoins et attentes de chacune d'elles. Ce travail d'identification constitue la première tâche à réaliser dans le projet.

Quel est le besoin ?

Le piège à éviter est de vouloir entrer trop vite dans la solution et non pas dans le besoin. Quand l'acheteur d'une nouvelle voiture entre chez le concessionnaire en disant : « J'ai besoin de tel modèle de véhicule de votre marque », il n'exprime pas un besoin mais une solution ! Pas sûr que celle-ci réponde, *in fine*, à son réel besoin...

Au chef de projet de rester vigilant sur ce point car une mauvaise définition initiale du besoin entraîne souvent :

- de multiples modifications du besoin au cours du projet (et des surcoûts) ;
- le développement d'un produit ou d'un service qui ne répond pas au besoin réel du client et engendre donc sa non-satisfaction.

Repère express

Les bonnes questions posées au départ évitent un surcoût du projet et l'insatisfaction du client.

Distinguer client payeur et utilisateur final

Imaginez qu'une équipe de direction demande le développement d'un nouveau logiciel pour les forces de vente. L'erreur serait de cibler l'analyse des besoins au niveau de la seule direction, sans prendre en compte les futurs utilisateurs (les forces de vente). Or ceux-ci ont des besoins propres à leur activité et à leurs contraintes de travail. Au final, on risque de développer un logiciel inadapté aux utilisateurs, qui nécessitera des modifications et engendrera des surcoûts.

Fonctions principales et fonctions contraintes

Un besoin s'exprime toujours sous forme de fonctions que devra remplir le système développé dans le projet.

On peut noter deux grandes familles de fonctions : les fonctions principales et les fonctions contraintes.

La fonction principale est la raison d'être du système. Dans le projet d'écrire le livre que vous tenez entre les mains, la fonction principale serait : fournir aux chefs de projet les clés de réussite de la conduite d'un projet.

Les fonctions contraintes sont liées à l'environnement de travail de l'utilisateur. Une des fonctions contraintes de l'écriture de ce livre, par exemple, est de respecter les normes existantes sur la conduite de projet.

Repère express

Celui qui connaît le mieux l'environnement dans lequel sera utilisé le système est le client.

Pour prendre en compte l'ensemble des contraintes, il faut passer en revue « l'environnement » du projet en explorant les 5M :

- **main-d'œuvre** : les différentes familles d'utilisateurs ;
- **matériel** : d'autres équipements, systèmes d'information, machines ;
- **matière** : les consommables, la matière grise ;
- **méthode** : les façons de faire, les modes de fonctionnement ;
- **milieu** : l'environnement de travail dont les aspects normatifs, réglementaires.

Appliquons cet outil au projet de Marie et identifions les fonctions à remplir par le nouveau système QSE.

Fonctions du nouveau système QSE

Fonction principale	**Améliorer la satisfaction des clients**
Fonction contrainte liée à la main-d'œuvre	Prendre en compte les différents niveaux de compétence des utilisateurs
Fonction contrainte liée au matériel	Pouvoir fonctionner avec le système d'exploitation du groupe
Fonction contrainte liée à la matière	Pouvoir prendre en compte les données venant des prestataires externes
Fonction contrainte liée à la méthode	Assurer une cohérence avec les procédures organisationnelles du groupe
Fonction contrainte liée au milieu	Respecter les exigences réglementaires liées au métier

Spécifications techniques

Chacune des fonctions peut être décrite sous forme de spécifications techniques : celles-ci permettent de détailler le niveau de besoin et d'établir une valeur-cible de satisfaction du client incluant un niveau de tolérance.

Dans l'exemple de Marie, la fonction principale « améliorer la satisfaction des clients » peut avoir comme spécification technique : « 95 % de satisfaction sur l'aspect respect des délais. »

Cahier des charges fonctionnel

Un document formalise le besoin du client. On l'appelle « cahier des charges fonctionnel ». Ce cahier des charges fonctionnel peut être :

- une donnée d'entrée du projet : quand le client a exprimé son besoin dans un cahier des charges fonctionnel et passé une commande sur cette base ;
- une tâche opérationnelle du projet : quand le besoin du client se définit progressivement, au fur et à mesure de l'avancement du projet. Le cahier des charges entre alors dans le périmètre du projet ;
- une donnée de sortie du projet : quand le cahier des charges fonctionnel devient le livrable principal du projet. C'est le cas dans les projets de développement d'un système totalement nouveau.

Repère express

Distinguez le cahier des charges fonctionnel du cahier des charges techniques qui décrit la solution retenue.

→ RÉCAPITULONS

En phase d'initialisation, le chef de projet doit identifier précisément :

- le client ;

- son environnement ;
- son besoin.

Le cahier des charges fonctionnel récapitule l'identification du besoin en détaillant :

- la ou les fonctions principales à développer ;
- les fonctions contraintes ;
- les spécifications techniques.

3. Analyser les opportunités et les risques globaux

→ **EN BREF**

L'analyse des opportunités et des risques globaux est la *check-list* des bonnes questions à se poser en début de projet.

Une étape incontournable

En théorie, l'analyse des opportunités et des risques globaux devrait être une simple formalisation : la présentation du contexte du projet par le sponsor devrait suffire à l'établir.

Pourquoi cette analyse ? avec quels objectifs ?

En pratique, la présentation du contexte par le sponsor manque souvent de fiabilité, de précision et d'exhaustivité pour que le chef de projet puisse mener à bien le projet. Il faut donc aller chercher les réponses ailleurs.

L'analyse des opportunités et des risques globaux sert à :

- assurer le lien avec la stratégie de l'entreprise ;
- identifier les enjeux du projet et donc son niveau de priorité ;
- comprendre le contexte du projet ;
- définir une première faisabilité du projet, le point de *go/no go ;*
- fiabiliser le projet et affiner sa description (périmètre, objectifs) ;
- commencer à structurer le projet et identifier les grandes familles de ressources nécessaires à sa réalisation.

Quand, par qui et comment réaliser cette analyse ?

Le sponsor du projet, le comité de direction et le chef de projet portent la responsabilité de déclencher l'analyse :

- en début de projet, lors de la phase d'initialisation ;
- au début de chaque grande phase d'un projet construit en phases ;
- en cas d'évolution du contexte ayant un impact sur le projet.

Ils ont intérêt à mener cette analyse en comité de pilotage afin de tirer parti d'une vision pluridisciplinaire du contexte.

Repère express

Cette analyse contribue à une vision multiprojet. Elle permet de fixer les priorités et d'arbitrer, notamment en cas de conflit de disponibilité de ressources.

Balayer les familles d'opportunités et risques

Pour fiabiliser son projet, Marie aurait dû passer la présentation du DG au crible de toutes les familles d'opportunités et de risques.

Check list des éléments à analyser

Familles d'opportunités et de risques	Éléments à analyser
Politique	Lien avec la stratégie de l'entreprise, détection des enjeux
Juridique	Lien avec la réglementation, les normes
Financier	Mode de financement du projet et retour sur investissement
Clients	Identification du client et de son besoin
Environnemental	• Impact sur l'environnement • Autres projets en cours potentiellement en interface, redondance ou concurrence • Marché
Technologique	Maîtrise de la technologie ou du niveau d'exigence
Organisationnel	• Mode d'organisation du projet • Membres de l'équipe projet (en global/local/à distance)
Humain	• Impact du projet sur les humains • Lien avec le climat social • Différences culturelles
Sécurité	• Sécurité des personnes, des biens et des données • Problématique de confidentialité
Fournisseur	• Prestataires externes intervenant dans le projet • Connaissance/Maîtrise
Autres	À définir

Tirer parti de cette analyse

Dans l'exemple du projet de Marie, l'analyse aurait pu aboutir au résultat ci-dessous.

Identification des risques et opportunités du projet de Marie

Familles	Opp.	Risque nul	Risque faible	Risque existant	Risque fort	Commentaires
Politique	X	X				Risque nul d'être incohérent avec la politique de l'entreprise. Enjeu fort en lien avec la stratégie de l'entreprise et du groupe
Juridique				X		Attention à la prise en compte de la réglementation liée au métier
Financier	X		X			Belle opportunité de gain sur les coûts liés à la non-qualité
Clients	X				X	Opportunité d'améliorer la satisfaction des clients Bien définir le client et son besoin ?
Environnemental			X			Aucune contrainte liée à d'autres projets en cours
Technologique		X				Pas de problème technique
Organisationnel					X	Équipe peu disponible (forte charge) et sur deux sites (distance à gérer)
Humain	X				X	Non-adhésion du personnel opérationnel Forte résistance aux changements de méthodes Opportunité si démarche vue comme un outil d'aide
Sécurité		X				Rien à signaler
Fournisseur		X				Fournisseur habituel

De manière conventionnelle, on entend par :

- opportunité : risque positif ;
- risque nul : qui a peu de chance de se produire ou sans impact ;
- risque faible : qui a peu de chance de se produire ou avec un léger impact sur le projet ;
- risque existant : qui pourrait arriver, avec un impact sur le projet ;
- risque fort : qui est quasi sûr d'arriver et avec un impact fort.

Cette analyse aurait permis à Marie de mieux comprendre le contexte de son projet, d'écrire noir sur blanc les enjeux et opportunités qu'il porte, d'affiner et fiabiliser la note de cadrage de projet.

De plus, Marie aurait enclenché de bonnes discussions avec le sponsor sur les points importants du projet. Ensemble, ils auraient pris conscience des risques globaux liés au projet et du coup de la nécessité d'allouer certaines ressources pour minimiser ces risques.

Marie aurait également commencé à construire mentalement son projet en plaçant des alertes sur des grandes familles de tâches indispensables à la réussite du projet, comme par exemple :

- la communication en interne (qui va s'en occuper ?) ;
- la prise en compte des exigences venant du groupe ;
- le mode de pilotage, vu les difficultés organisationnelles ;
- la réflexion sur la notion de client du projet (qui ? quel besoin ?).

Repère express

Le chef de projet devrait systématiquement demander cette analyse.
Si elle a été faite en amont de sa nomination, qu'il la refasse pour s'en imprégner et construire la suite du projet !

Cette analyse peut être vue comme un balancier avec, d'un côté, les opportunités (les gains attendus) et, de l'autre côté, les risques globaux et difficultés potentielles.

→ **RÉCAPITULONS**

L'analyse des opportunités et des risques globaux est une étape incontournable de l'initialisation du projet. Elle permet :

- de fiabiliser et cadrer le projet ;
- d'en mesurer les risques et opportunités ;
- de placer le projet sur l'échelle des priorités de l'entreprise.

4. Établir la fiche de mission

→ **EN BREF**

L'analyse des opportunités et risques globaux est une donnée d'entrée pour construire la lettre de mission du projet. Cette lettre est un livrable indispensable de la démarche projet. Elle officialise le projet et la mission du chef de projet.

Un document interne

La lettre de mission est une sorte de contrat interne entre le sponsor et le chef de projet. En théorie, elle devrait être à l'initiative du sponsor puis complétée par

Repère express

La lettre de mission concrétise le passage de relais entre ceux qui ont lancé le projet et celui qui va le mener à son terme.

le chef de projet. En pratique, le chef de projet la rédige puis la fait valider par son sponsor.

La lettre récapitule les différents points abordés dans ce chapitre. Elle peut prendre la forme d'un tableau.

Lettre de mission du projet QSE de Marie

Nom projet :	Mise en place d'un nouveau système qualité/environnement	**Date :**
Client : Claude, DG	**Sponsor :** Claude, DG	**Chef de projet :** Marie
Enjeux :	Améliorer l'image qualité de l'entreprise envers ses clients Pérenniser l'entreprise par des gains en organisation Être précurseur dans son domaine d'activité sur les démarches qualité et environnement	
Risques globaux :	Voir tableau analyse d'opportunités et de risques globaux en annexe	
Objectifs :		
Qualité	Amélioration taux satisfaction client niveau qualité de prestation	Supérieur à 95 %
Coûts	Diminution des coûts de non-qualité	Diminution de 10 %
Délai	Fin d'année	
Livrables :	Obtention certifications ISO 9001 et ISO 14001	

Périmètre :	Diagnostic/État des lieux Analyse besoin personnel Définition organisation processus Description des processus Déploiement et formations des acteurs Audit à blanc Audit de certification + plan actions associé Transfert de responsabilité des plans d'actions	
Hors périmètre :	Processus des achats (géré au niveau du Groupe) Suivi des boucles d'amélioration	
Ressources allouées :	Équipe projet à définir	**Budget** : à définir
Projets complémentaires :	Certification sécurité	
Contraintes/Limites :	Procédures imposées par le Groupe	
Modalités de reporting :	Reporting mensuel au Sponsor	
Visa du chef de projet/ Date :		**Visa Sponsor/Date :**

Un document évolutif

Marie complétera ultérieurement les postes restant « à définir » dans le tableau (ressources et budget). Tout dépendra des compétences qu'elle identifiera comme nécessaires pour mener à bien le projet. Ce sera une des tâches de la phase de planification (voir clé 3).

Repère express

Attention à indiquer un indice et une date de validation de la lettre de mission, en prévision des modifications à venir.

La lettre de mission détermine la structuration du projet par le chef de projet. Elle sert de levier de communication avec l'équipe projet et les parties prenantes. Elle sera le point de référence pour rappeler les finalités et enjeux du projet quand les membres de l'équipe auront besoin de retrouver leur motivation.

→ RÉCAPITULONS

La lettre de mission est un document qui :

- officialise le projet et la mission du chef de projet ;
- s'enracine dans l'analyse des opportunités et risques globaux ;
- évolue au fil de la vie du projet ;
- sert de référence pour communiquer et renforcer la motivation des membres de l'équipe projet.

ET VOUS ?

1. Qui est le client de votre projet et quel est son besoin ?

2. Quels sont les opportunités et les risques contenus dans le projet ?

3. Comment le projet se positionne-t-il par rapport aux autres projets de l'entreprise ?

4. Rédigez la lettre de mission de ce projet.

CLÉ 3

Structurer le projet

1 Qu'est-ce que la planification ?

2 Le plan structurel : l'organigramme des tâches

3 Le plan temporel : le planning de Gantt

« L'avenir ne se prévoit pas, il se prépare. »

Maurice Blondel

1. Qu'est-ce que la planification ?

→ EN BREF

La planification développe la vision structurelle (organisationnelle) et temporelle du projet.

Distinguer planification et planning

Dans la roue de l'amélioration continue ou PDCA (voir clé 1), la planification correspond à la première phase (*plan*).

Le plan du projet doit répondre à cinq questions : qui fait quoi, quand, comment et pourquoi ? Il est à la fois tentant et illusoire de se précipiter sur les trois premières (qui ? quoi ? quand ?) en recourant d'emblée à un outil comme le planning de Gantt.

> **Repère express**
>
> Attention, le planning de Gantt répond seulement à 3/5 des questions.

Le planning de Gantt traite uniquement l'aspect temporel et laisse de côté des questions cruciales pour la réussite du projet. S'il s'en contente, le chef de projet construit une planification tronquée faute de vision globale et, notamment, de prise en compte des risques analysés. Son planning manquera de fiabilité. Il sera inutilisable pour communiquer sur le projet comme pour le piloter.

Gare à la tentation du planning tout de suite !

Thierry est responsable de l'exploitation du domaine skiable de la station Ski Plaisir. Il travaille depuis quinze ans dans cette station qu'il connaît bien pour avoir occupé précédemment des postes dans deux services différents : agent à l'embarquement des remontées mécaniques puis pisteur secouriste. Il est reconnu comme expert dans le métier.

Le directeur de la station, Xavier, a nommé Thierry chef de projet pour le développement d'un nouveau domaine de loisir au sein de la station. Il s'agit de créer dans la station un espace dédié aux enfants et aux familles avec une piste de ski pour débutants et un environnement « famille ».

Nous sommes au mois de mai et ce projet doit à tout prix être bouclé avant le début de la saison hivernale. Il représente un enjeu fort pour la station tant en termes de revenus que de satisfaction client.

Xavier a alloué des ressources humaines à Thierry (quatre personnes). Il lui demande de lui fournir rapidement un planning prévisionnel du projet « Espace famille », afin d'avoir une vision des différentes étapes et l'assurance que le projet sera effectivement terminé avant l'ouverture de la saison. Le respect de cette date finale est l'élément le plus important du projet.

Conscient de l'importance du critère délai, Thierry réunit immédiatement l'équipe pour travailler sur ce planning. Il se trompe !

→ RÉCAPITULONS

Le chef de projet doit respecter deux règles d'or de la planification :

- développer le plan structurel avant d'amorcer le plan temporel ;
- placer l'analyse des risques au centre de la planification.

2. Le plan structurel : l'organigramme des tâches

→ EN BREF

Le plan structurel est la première étape de planification du projet. Il formalise la réflexion de fond sur le projet. Il se concrétise par un organigramme des tâches.

À quoi ressemble l'organigramme des tâches ?

L'organigramme des tâches décrit schématiquement la structure du projet : il le décompose en lots de tâches (ou *work packages*) affectés à des responsables de lots. Il ne montre aucunement la logique temporelle du projet.

Repère express

Quand l'organisation du projet n'est pas assez réfléchie, développée et communiquée, c'est le bazar !

Organigramme des tâches (schéma type)

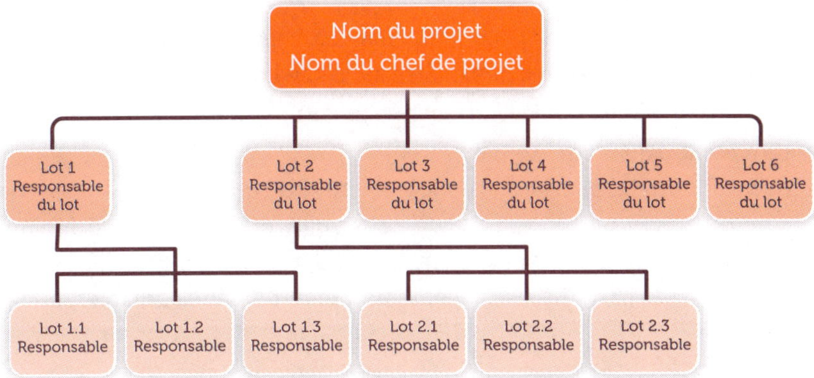

À quoi sert l'organigramme des tâches ?

L'organigramme des tâches définit l'organisation du projet et précise qui est responsable de quoi. Il évite donc l'une des difficultés les plus fréquentes dans les projets : le manque de clarté des rôles et des responsabilités de chacun. Telle spécialisation métier d'un collègue n'entraîne pas systématiquement et implicitement sa responsabilité de tel lot de tâches dans le projet.

Cette clarification de l'organisation conditionne en grande partie la motivation. Dans notre exemple, Xavier a confié une équipe à Thierry, le chef de projet :

- un agent d'exploitation aux remontées mécaniques (Bernard) ;
- un spécialiste de la neige de culture au service des pistes (Sophie) ;
- un spécialiste du marketing et de la vente (Anne) ;
- le responsable QSE (Franck).

Qui doit faire quoi ? Comment les membres de l'équipe peuvent-ils se sentir responsables de la réussite du projet ? Comment entretenir leur motivation ? Avant de dresser le planning, Thierry doit commencer par construire l'organigramme des tâches avec son équipe.

L'organigramme des tâches permet également :

- de communiquer sur le projet ;
- de structurer le *reporting* et donc le pilotage du projet ;
- de construire et fiabiliser le planning dont il est la donnée d'entrée : tous les éléments présents dans l'organigramme des tâches doivent trouver une place dans le planning.

Repère express

Dans le projet, chacun a besoin de connaître explicitement son périmètre et celui des autres.

À qui communiquer cet organigramme ?

A priori, toutes les parties prenantes ont besoin de connaître l'organigramme des tâches.

Les différents responsables de lots

Ils sont les premiers destinataires. Idéalement, ils co-construisent avec le chef de projet l'organigramme. Ainsi impliqués, ils s'en imprègnent et le comprennent. *A minima*, chacun a en main le document pour connaître son périmètre de travail et celui des autres.

Repère express

L'organigramme des tâches permet aux membres de l'équipe projet de se reconnaître.

Les responsables hiérarchiques

Il est judicieux de transmettre cet organigramme aux responsables hiérarchiques des responsables de lot. En effet, ce sont des leviers essentiels pour l'affectation des ressources. Cette communication vise à impliquer les hiérarchiques le plus tôt possible dans la vie du projet et ainsi à minimiser le risque de non-allocation de ressources.

Un autre moyen pour impliquer les responsables hiérarchiques :

- avec chaque responsable de tâches, décrivez précisément son lot de tâches ;
- faites valider cette fiche descriptive par son responsable hiérarchique : sa signature vaudra engagement !

Repère express

L'organigramme des tâches justifie les demandes d'allocation de ressources.

Le sponsor du projet

Le chef de projet adresse également cet organigramme au sponsor du projet afin que celui-ci ait une vision globale du projet et de l'organisation des ressources. Le document peut servir de base de discussion pour négocier des ressources supplémentaires.

Le client

Certains clients peuvent exiger de voir l'organigramme des tâches, voire imposer des lots de tâches. En tout état de cause, communiquer l'organigramme des tâches au client est un moyen de le rassurer sur le pilotage du projet et la prise en considération de l'ensemble de ses besoins.

Les acteurs partenaires ou en interface

Quand le projet fait appel à des partenaires externes ou a un impact sur d'autres acteurs du système, transmettez-leur aussi cet organigramme. Ainsi, chacun sait à qui s'adresser en fonction de son besoin.

Par exemple, Thierry a intérêt à transmettre le document aux autres acteurs de la station en interface avec son projet comme les écoles de ski et l'office du tourisme.

Comment établir l'organigramme des tâches ?

Partir des analyses validées

Le chef de projet porte la responsabilité de construire l'organigramme des tâches en s'appuyant sur :

- l'analyse du besoin du client, le cahier des charges ;
- l'analyse d'opportunités et de risques globaux ;
- le contrat de projet, la lettre de mission.

Ces trois séries de données permettent d'identifier les lots de tâches à intégrer dans l'organigramme. Tous ces lots sont importants.

Repère express

Attention à ne pas oublier les tâches de management des risques et de pilotage !

Lots de tâches identifiés

Source d'identification	Lots de tâches	Commentaire
Cahier des charges	Tâches métiers, techniques, opérationnelles	Éléments de fond du projet
Analyse d'opportunités et de risques globaux	Tâches de management des risques	Lots spécifiques liés à certains risques ou tâches à décliner dans les lots techniques
Lettre de mission	Tâches de pilotage du projet	Assurance de couvrir l'ensemble des objectifs et du périmètre du projet

Impliquer l'équipe projet

Le chef de projet a intérêt à impliquer au maximum les membres de son équipe dans la construction de l'organigramme des tâches et la définition détaillée de chaque lot. Plus il délègue, plus il entretient la motivation des responsables de lot. Plus il interfère, plus il risque les crispations et les conflits.

Repère express

En construisant l'organigramme des tâches, les membres de l'équipe prennent conscience du rôle de chacun dans le projet.

Chaque responsable de lot est garant du PDCA du lot qu'il pilote. Le chef de projet doit donc s'assurer que les tâches sont précisément décrites tout en laissant totalement la responsabilité de leur pilotage.

Identifier les lots de tâches

Après s'être assuré qu'il dispose bien de ces données d'entrée, voici les tâches que Thierry pourrait identifier pour son projet.

Structure du projet « Espace famille »

Familles de tâches	Description des lots
Lots de tâches techniques, métier	• **Remontée mécanique** : suivre les équipements, appareils à mettre en œuvre • **Piste** : superviser la création de la piste, la sécurité, l'enneigement • **Vente** : assurer le lien avec la vente des forfaits • **Marketing, communication externe** : faire connaître ce nouveau produit à l'externe • **Certification, agrément** : obtenir les autorisations d'exploitation

Familles de tâches	Description des lots
Lots de tâches de management des risques	• **Communication interne** à la station : en lien avec un risque global humain de rejet du projet par certains acteurs sur lesquels le projet a un impact • **Analyse réglementaire** : manager le risque global lié à la réglementation de ce type d'activité et tout particulièrement au public des enfants • **Déploiement de méthode** : répondre au risque de non-partage de culture projet entre les différents membres de l'équipe projet
Lots de tâches liés aux responsabilités du chef de projet	• **Le pilotage du projet** : mettre à jour régulièrement la planification, réaliser les revues de projet avec l'équipe, les points de *reporting* avec la direction, des points de revue avec la sous-traitance

Repère express

Hors de question que le chef de projet se retrouve responsable de tous les lots de tâches. Il doit déléguer.

Il pourrait alors aboutir à son organigramme des tâches.

La construction de cet organigramme permet à Thierry de voir qu'il n'a pas de responsable identifié du lot « communication interne ». Il ne voit pas qui mettre à cette place, personne dans l'équipe projet n'ayant le profil adéquat pour tenir cette responsabilité. Voilà un point dont il doit discuter avec Xavier. À lui de négocier en argumentant sur la nécessité de cette nouvelle ressource pour maîtriser un risque global du projet.

Repère express

Une tâche absente de l'organigramme est une tâche absente du planning : elle ne sera pas pilotée, voire pas réalisée.

Organigramme des tâches du projet « Espace famille »

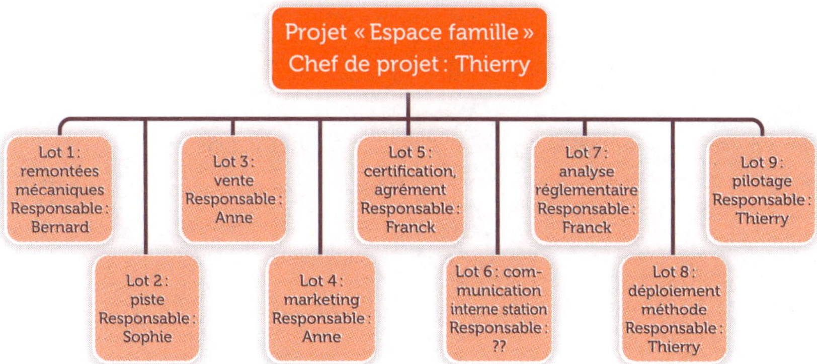

Pour aller plus loin

Pour clarifier davantage les rôles de chacun dans le projet, le chef de projet peut s'appuyer sur deux outils complémentaires de l'organigramme des tâches.

La matrice d'affectation des responsabilités

Cette matrice fait le lien entre, d'un côté, la structure du projet et, d'un autre côté, la structure de l'entreprise (ses services) et les intervenants externes (partenaires, fournisseurs, sous-traitants).

Matrice d'affectation des responsabilités du projet « Espace Famille »

Projet « Espace famille »
Thierry

	Remontées Mécaniques *Bernard*	Pistes *Sophie*	Vente *Anne*	Marketing *Anne*	Certification Agrément *Franck*	Déploiement méthode *Thierry*	Communication interne *À définir*	Analyse réglementaire *Franck*	Pilotage projet *Thierry*
Service Exploitation (Chef projet)	A	A	A	A	A	R	A	A	R
Service Remontées Mécaniques	R	A	A	A	A	A	A	A	A
Service Pistes	A	R	A	A	A	R	A	A	R
Service Marketing	A	A	R	R	A	A	A		A
Service Qulaité	A	A	A	A	R	A	A	R	A
Service Ressources Humaines							R		A
Service Juridique					A			A	A
Entreprise externe 1	A	A			A			A	A

R = Responsable
A = Acteur

La matrice des interfaces

Cette matrice identifie les interfaces entre les différents lots de tâches. Il est intéressant de la construire avec les responsables de lots. Elle permet aux responsables de lots de :

- prendre conscience de l'impact de leur travail sur celui des autres ;
- définir un plan de management des risques liés à cette interface ;
- intégrer l'interface dans le planning.

Matrice des interfaces des lots du projet « Espace famille »

	RM	Pistes	Vente	Marketing	Certification	Déploiement méthode	Comm. interne	Analyse réglemtaire	Pilotage
RM		*Lien client fournisseur Interface métier*	*Lien client fournisseur Interface métier*		*Lien client fournisseur Interface métier*	*Lot transverse risque global*	*Lot transverse risque global*	*Lien client fournisseur Interface métier*	*Interface pilotage*
Pistes			*Lien client fournisseur Interface métier*		*Lien client fournisseur Interface métier*	*Lot transverse risque global*	*Lot transverse risque global*	*Lien client fournisseur Interface métier*	*Interface pilotage*
Vente				*Lien client fournisseur Interface métier*		*Lot transverse risque global*	*Lot transverse risque global*		*Interface pilotage*
Marketing						*Lot transverse risque global*	*Lot transverse risque global*		*Interface pilotage*
Certification						*Lot transverse risque global*	*Lot transverse risque global*		*Interface pilotage*
Déploiement méthode									*Interface pilotage*
Comm. interne									*Interface pilotage*
Analyse réglementaire									*Interface pilotage*
Pilotage									

RM = remontées mécaniques — *Interface critique* — *Pas d'nterface*

→ RÉCAPITULONS

L'organigramme des tâches est un outil de communication sur le projet. Il définit les rôles et responsabilités de chacun dans le projet. Il comporte nécessairement trois familles de lots de tâches :

- les lots de tâches techniques ;
- les lots de tâches de management des risques ;
- les lots de tâches de pilotage du projet.

Le chef de projet veille à impliquer au maximum les membres de l'équipe dans la construction de cet organigramme des tâches afin :

- de responsabiliser chaque responsable de lot ;
- d'entretenir la motivation.

3. Le plan temporel : le planning de Gantt

→ EN BREF

Le planning dit de Gantt[1] est un outil pour développer le plan temporel du projet. Il place sur un axe temporel les éléments identifiés dans l'organigramme des tâches.

1. Du nom de l'ingénieur américain (Henry L. Gantt) qui a publié une description de cet outil en 1910. *De nombreux ouvrages existant sur les techniques de construction d'un planning de Gantt, nous choisissons d'aborder l'outil sous les angles de la fiabilisation et de la communication.*

Analyser les risques planning

Analyser les risques pesant sur le planning permet au chef de projet de :

- gérer les deux familles de ressources critiques : la ressource humaine et la ressource technique (matériel, équipement) ;
- construire un pilotage adapté et programmer les revues de projet ;
- prévoir des tâches de communication supplémentaires comme palliatifs de certains risques.

Repère express

Distinguez le risque (méconnu) du problème (connu).

Distinguer risques globaux et risques planning

L'analyse des risques globaux explore tous les risques menaçant l'ensemble du projet (voir clé 2). Plus détaillée, l'analyse des risques planning regarde uniquement le planning, c'est-à-dire la réalisation des tâches.

Repère express

La prise de risque est incontournable dans une démarche d'innovation.

Les responsables de lots connaissent mieux que les autres leur métier et les risques pesant sur leur lot de tâches. Ils sont donc les mieux placés pour mener l'analyse des risques planning. Le chef de projet a intérêt à les réunir pour que chacun communique sur les risques planning qu'il a identifiés.

Voici le genre d'échange auquel peut donner lieu une réunion de l'équipe de Thierry sur les risques planning :

Sophie : Il y a un risque que l'approvisionnement en équipements de fabrication de neige de culture prenne du retard

Anne : Personnellement, cela ne m'empêchera pas de commencer mon travail commercial.

Bernard : Moi, si ce risque se produit, je vais avoir de gros problèmes pour commencer mes tâches sur les remontées mécaniques.

Sophie : Ah ! Du coup, Bernard, est-ce que cela peut t'arranger que je gère cette tâche de la façon suivante… ? (…)

Ce partage fait prendre conscience à Sophie, Anne et Bernard de leur dépendance mutuelle dans l'avancement de leurs tâches. Ils peuvent gérer les interfaces et s'organiser pour anticiper les éventuels problèmes. Ainsi ils complètent et fiabilisent le planning.

Distinguer risque et conséquence du risque

Le chef de projet doit intervenir pour structurer la démarche à l'aide d'une méthodologie précise, notamment en aidant les responsables à se focaliser sur les risques et non sur les conséquences qu'ils entraîneraient.

Quand, par exemple, Bernard évoque le risque de retard comme principal risque sur son lot « remontées mécaniques », Thierry doit lui faire remarquer que le retard serait la conséquence d'un risque. À lui de le pousser dans ses retranchements pour lui faire identifier quels sont réellement les risques. Un bon moyen de distinction est de construire une phrase du type : « Si… alors… ». Ce qui pourrait donner pour Bernard : « Si les acteurs des services des pistes ne sont pas disponibles (risque), alors le lot de travail remontées mécaniques ne pourra pas commencer à la date prévue (conséquence). »

Intégrer les risques planning

Identifier les risques

Selon le niveau de complexité du projet, l'identification des risques se fait soit au niveau du lot de tâches soit au niveau de chaque tâche.

Pour limiter le risque d'oubli, recourez à nouveau à l'outil 5 M utilisé pour identifier le besoin du client [voir clé 2] et scrutez les risques pesant sur ces familles de ressources : main-d'œuvre, matériel, matière, méthode, milieu.

Repère express

Les risques liés à l'exécution d'une tâche ou d'un lot de tâches dépendent de l'adéquation entre ressources nécessaires et ressources disponibles.

Au chef de projet de poser les questions pertinentes pour identifier précisément les risques. À une question trop ouverte [« Quel risque voyez-vous sur le lot 1 ? »], préférez une série de questions fermées [« Lot 1, voyez-vous des risques liés à la main-d'œuvre ? au matériel ? »].

Quantifier et hiérarchiser les risques

La quantification et la hiérarchisation des risques se font en fonction de deux critères :

- leur probabilité d'apparition ;
- la force de leur impact sur les objectifs qualité-coût-délai du projet.

On peut attribuer une note finale à chaque risque à l'aide d'une matrice.

Matrice d'évaluation des risques

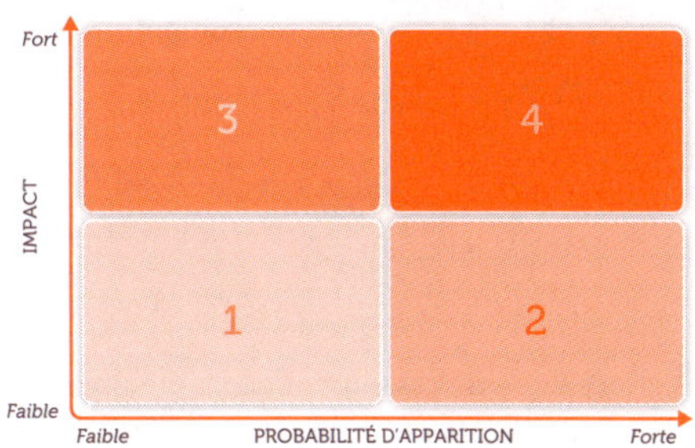

Note de criticité du risque :

- *1: faible probabilité d'apparition, faible impact*
- *2: forte probabilité d'apparition, faible impact*
- *3: faible probabilité d'apparition, fort impact*
- *4: forte probabilité d'apparition, fort impact*

Maîtriser les risques

Dans un dernier temps, il s'agit de définir les actions à mettre en place pour prévenir les risques les plus critiques (ceux de niveau 4). L'objectif principal est de minimiser voire supprimer le risque. Le chef de projet doit également envisager les actions à mener au cas où le risque apparaisse. Il établit alors ce qu'on appelle le *mitigation plan* voué à réduire les dommages causés par les risques.

Repère express

Un planning sans analyse des risques planning n'est ni terminé ni fiable.

Concrètement, voici comment Thierry et son équipe analysent les risques planning du lot « Piste ».

Risques plannings du lot « Piste »

Lot	Risques	Impact	Probabilité	Note	Actions
Piste	Indisponibilité des personnels du service des pistes	+	+	4	Impliquer le manager dans la construction de l'organigramme des tâches Faire un point de reporting à ce manager (à insérer dans le planning)
	Moindre compétence des acteurs dans le domaine skiable pour enfants	+	-	3	Vérifier ces compétences
	Différence de méthodes entre le service des pistes de la station et les prestataires externes	+	+	4	Définir une méthode commune Expliquer la méthode aux acteurs
	Panne d'un équipement pour tracer la piste	+	-	3	Assurer une maintenance préventive en amont des tâches

Les actions de maîtrise des risques sont à inclure dans le planning car elles ont dessus des impacts évidents :

- rajout de tâches ;
- modification de l'enchaînement de certaines tâches ;
- adaptation du lot pilotage : nouvelle planification des revues de projet et ajout de points de *reporting.*

Les actions insérées par l'équipe projet mettent en danger le respect des délais que le directeur de la station a cité comme enjeu majeur. Elles sont néanmoins indispensables pour fiabiliser le projet. Thierry et son équipe doivent donc travailler à l'optimisation du planning.

Transformer des risques en opportunités

Certains éléments identifiés comme risques méritent d'être vus comme des opportunités : la différence de méthodes de travail entre un prestataire externe et l'équipe projet peut être considérée comme un risque. Et si la méthode du prestataire se révélait meilleure et plus efficace ?

Utiliser le planning pour communiquer

Tous les membres de l'équipe doivent partager et comprendre le planning. Là encore, le but est que chacun se situe dans le projet global et ait conscience de l'impact de son travail sur les objectifs finaux visés par l'équipe.

Quel niveau de détail du planning communiquer à qui ? Tout le monde n'a pas besoin du même niveau d'information. *A priori*, communiquez :

Repère express

Gérez les priorités : faites distinctement apparaître sur le planning ce qui est critique et ce qui ne l'est pas.

- au client : un planning axé sur les livrables principaux ;
- au management : un planning faisant apparaître les jalons essentiels et les points de pilotage ;
- aux acteurs : un planning opérationnel.

→ RÉCAPITULONS

La donnée d'entrée pour construire un planning est l'organigramme des tâches.

Ce planning de projet est fiable s'il s'appuie sur l'analyse des risques planning. Intimement liés à la disponibilité des ressources nécessaires à la réalisation des tâches, ces risques planning doivent être :

- identifiés et distingués de leurs conséquences ;
- évalués et hiérarchisés selon leur degré de criticité ;
- maîtrisés avec des actions préventives insérées dans le planning.

ET VOUS ?

1. Comment impliquez-vous l'équipe projet dans la construction de l'organigramme des tâches et du planning ?

2. Retrouvez-vous les trois grandes familles de tâches dans l'organigramme ? Qui sont les responsables des lots ?

3. Quels risques planning avez-vous identifiés et hiérarchisés ?

4. Quelles actions décidez-vous pour maîtriser ces risques ?

5. Qui dispose de cet organigramme des tâches et de ce planning ? Pourquoi eux ?

Manager les parties prenantes

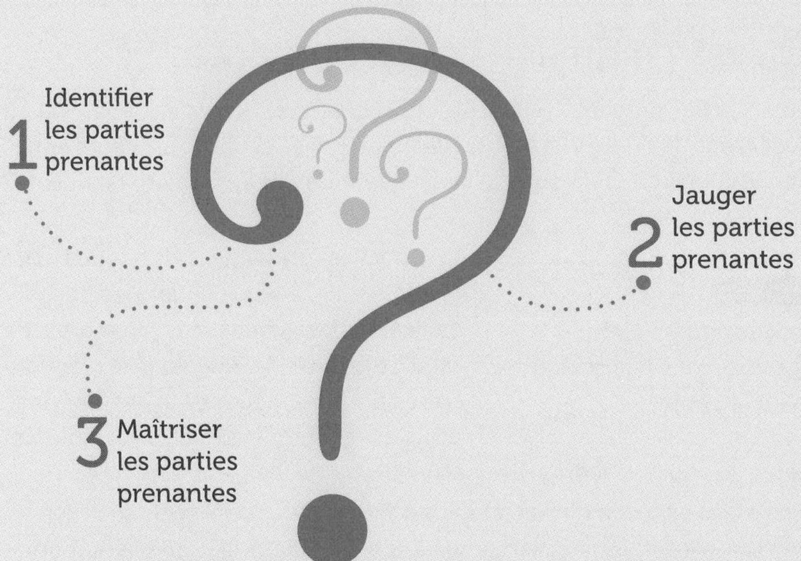

« Les espèces qui survivent ne sont ni les plus fortes ni les plus intelligentes. Ce sont celles qui s'adaptent le mieux aux changements. »

Charles Darwin

1. Identifier les parties prenantes

→ EN BREF

Le management des parties prenantes fait partie intégrante des missions du chef de projet. Il représente un facteur clé de réussite[1]. L'identification des parties prenantes prend toute sa dimension quand le projet présente des risques humains ou organisationnels.

Qu'est-ce qu'une partie prenante ?

Une partie prenante inclut toute personne, service, organisation concernés de près ou de loin par le projet. Projet et partie prenante entretiennent un lien réciproque, chacun ayant un impact (positif ou négatif) sur l'autre.

> **Repère express**
> Les parties prenantes sont internes ou externes à la structure développant le projet.

Les parties prenantes classiques d'un projet sont : l'équipe projet, les responsables hiérarchiques des membres de l'équipe projet, le sponsor, les actionnaires, le client payeur, l'utilisateur final, d'autres chefs de projets, les fournisseurs, les sous-traitants, des partenaires externes, etc.

Axelle travaille dans la société Sport Aventure spécialisée dans l'événementiel sportif. Sa mission actuelle de chef de projet consiste à orga-

1. Voir aussi *Les 5 clés du management transversal* (CSP, Dunod, 2013).

niser « Le trail des Alpes » : une course à pied de 160 kilomètres dans les Alpes, financée par Sport Aventure et inscrite au programme officiel des courses longue distance en montagne. L'objectif est de réunir mille coureurs dès la première édition qui se déroulera dans un parc naturel. Les parties prenantes de ce projet sont nombreuses.

Parties prenantes du projet « Trail des Alpes »

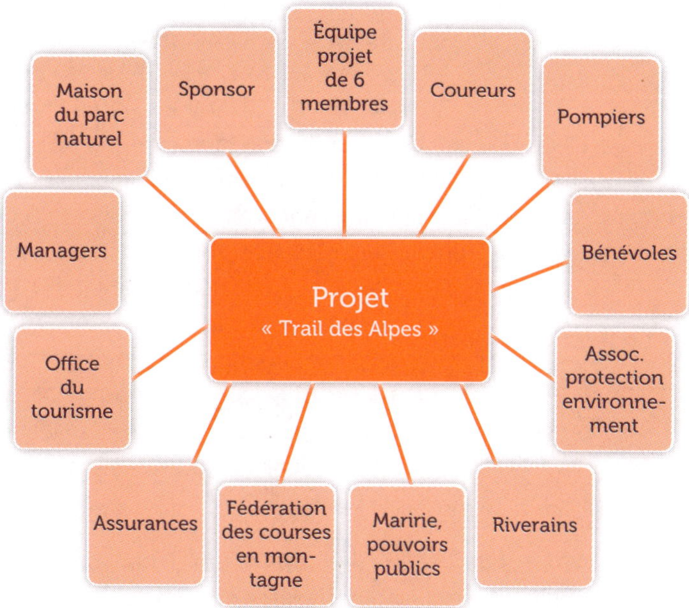

Pourquoi lister les parties prenantes ?

Assurer le succès du projet

Avec le projet « Trail des Alpes », Sport Aventure compte réaliser une belle opération sportive et marketing. D'où les moyens financiers et humains (six personnes dédiées en interne au projet) que la société dégage afin d'en assurer le succès.

Repère express

Le management des parties prenantes est à actualiser pendant tout le cycle de vie du projet.

Toutes les parties prenantes voient-elles le projet du même œil ? Ont-elles intérêt à le voir aboutir ? Lister les parties prenantes permet de sortir de l'illusion que tout le monde soutient le projet. Ainsi, dans son enthousiasme, Axelle a tôt fait de négliger les multiples risques de rejet du projet : conflits d'objectifs, concurrence, impacts sur l'environnement, perturbations à prévoir pour les riverains, contraintes administratives, etc. En manageant les parties prenantes, elle se donne le moyen de leur faire comprendre le projet et d'obtenir leur soutien. Elle augmente la probabilité que toutes travaillent au même objectif final : la réalisation du « Trail des Alpes ».

Repère express

Plus le projet provoque de changements, plus les parties prenantes méritent d'attention.

Anticiper les besoins

Les attentes vis-à-vis du chef de projet diffèrent d'une partie prenante à l'autre. Elles évoluent aussi en fonction des phases du projet.

Une fois sa liste établie, Axelle s'interroge sur les besoins de chaque partie prenante :

- Quels acteurs ont besoin d'une communication précise pour réaliser leurs tâches ?
- Quelles personnes seront perturbées pendant le projet ?
- Qui seront les opposants potentiels au projet et nécessiteront un pilotage adapté ? À l'inverse, qui seront les alliés ?
- Quels changements le projet peut-il provoquer ? sur qui ? Comment les personnes concernées accueilleront-elles ces changements ?
- À qui faudra-t-il communiquer de façon formelle durant le projet ?

Les réponses conduisent Axelle à décider des actions de communication pour s'allier le maximum des parties prenantes. Elles la conduisent aussi à une ultime question : en quoi ces actions de communication auront-elles un impact sur l'organisation et la planification du projet ?

Repère express

Une communication adaptée minimise le risque d'actions opposées au projet et augmente les chances de soutien.

→ RÉCAPITULONS

Le chef de projet doit identifier les parties prenantes afin :

- de replacer le projet dans un contexte global ;
- de prendre conscience des impacts du projet sur les parties prenantes, et réciproquement ;
- d'orienter les énergies vers le succès du projet ;
- de planifier des actions de communication.

2. Jauger les parties prenantes

→ EN BREF

Le croisement de deux critères permet d'évaluer la criticité d'une partie prenante : la force de l'impact du projet sur la partie prenante et sa propre influence sur le succès du projet.

Quels sont les enjeux du projet ?

Chaque partie prenante peut pressentir dans le projet un gain (impact positif du projet sur elle) et/ou une perte (impact négatif). L'appréciation de ces enjeux détermine sa position vis-à-vis du projet.

Matrice d'évaluation des parties prenantes

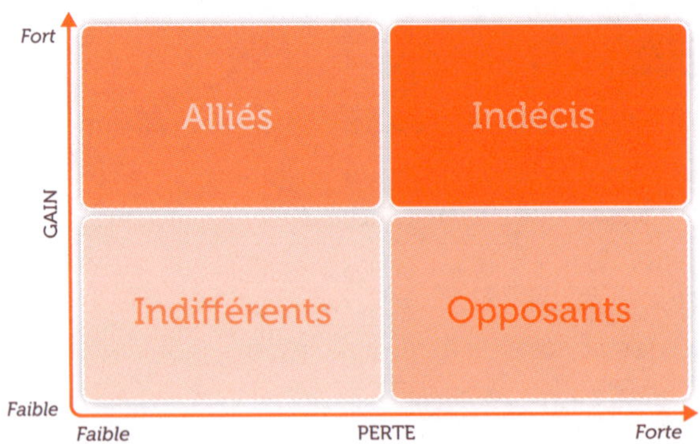

Les alliés

Ils sont convaincus du bien-fondé du projet. Par exemple, le sponsor d'Axelle identifie trois grands bénéfices à retirer du projet :

- les retombées marketing de l'événement ;
- une plus grande notoriété de Sport Aventure dans son métier ;
- des nouveaux clients et une augmentation de l'activité.

Ces éléments positifs l'emportent largement sur la perte que représente le financement du projet. De même, l'office du tourisme a tout intérêt à soutenir le projet car il en tirera de nombreux bénéfices comme :

- la valorisation du site ;
- la venue de nouveaux touristes le jour J et après ;
- l'obtention d'un label sportif.

Le chef de projet doit tout mettre en œuvre pour conserver ses alliés en les informant sur le déroulement du projet et les résultats obtenus. Il peut s'appuyer sur eux pour communiquer et convaincre les autres parties prenantes.

Repère express

Déclenchez cette analyse tôt dans le projet et faites-la valider par le sponsor : elle peut avoir un impact sur le périmètre et les objectifs du projet.

Les opposants

Ils ne perçoivent que les fortes pertes qu'engendre le projet. Ils n'ont donc aucun intérêt à le voir aboutir. Dans le projet d'Axelle, c'est le cas de certaines associations locales inquiètes des nuisances engendrées par mille coureurs.

Ils l'ont dit

« Un pessimiste voit la difficulté dans chaque opportunité, un optimiste voit une opportunité dans chaque difficulté. »

W. Churchill

Soyez vigilant, soignez la communication formelle et mettez en avant les gains du projet pour eux.

Les indifférents et les indécis

Pour eux, le projet a peu d'incidence ou s'équilibre entre perte et gain. L'enjeu de la communication à leur égard est de les faire basculer du côté des alliés.

Qui représente un risque ?

Une partie prenante est critique quand :

- elle s'attend à subir une forte perte ;
- elle exerce suffisamment d'influence pour perturber le projet.

Par définition, les parties prenantes identifiées comme « alliées » ne sont donc pas critiques.

Reprenons le cas d'un projet de déploiement d'un nouvel outil informatique pour une population de commerciaux. Le projet est lancé par la direction qui est la première partie prenante (premier client du projet) et attend un gain en termes d'organisation et de gestion du personnel. Côté commerciaux, l'impact du projet est fort. Cette deuxième partie prenante n'a rien demandé et perçoit essentiellement les impacts négatifs (changement de méthode et d'outil, contrainte, lourdeur du système, etc.). Le projet risque donc au minimum de rencontrer une résistance au changement. Les commerciaux peuvent même faire capoter le projet s'ils refusent d'utiliser le nouvel outil ou s'ils l'utilisent mal. Cette partie prenante est donc très critique et à ménager.

Le plus simple pour le chef de projet consiste à récapituler sous forme de tableau son analyse des parties prenantes. Ci-après un extrait de l'analyse d'Axelle.

Analyse partielle des parties prenantes du projet « Trail des Alpes »

Parties prenantes	Impact du projet sur la partie prenante		Influence de la partie prenante sur le projet	Niveau de criticité de la partie prenante
	Gains	Pertes		
Équipe projet	• Développement de compétences • Contribution à un projet phare • Image d'expertise	• Disponibilité • Charge de travail	Forte	Critique
Riverains	• Mise en valeur de leur lieu de vie • Rencontres • Ambiance festive	• Perturbation de la circulation et de l'activité • Traversée de voies privées • Production de déchets	Forte	Très critique
Associations de protection de l'environnement	• Opportunité d'organiser un label vert pour la course • Mise en valeur de la richesse naturelle du site	• Pollution liée aux déchets • Dégradation des chemins • Gêne pour la faune et la flore • Porte ouverte à d'autres événements de ce type	Forte	Très critique

→ RÉCAPITULONS

Une partie prenante voit toujours en premier lieu l'impact négatif du projet. C'est au chef de projet de lui faire prendre conscience des gains. Selon sa perception du projet et son estimation des gains ou pertes attendues, la partie prenante se positionne alors comme :

- alliée ;
- opposante ;
- indifférente ou indécise.

Le risque qu'elle nuise au projet en fait une partie prenante critique.

3. Maîtriser les parties prenantes

→ EN BREF

Le chef de projet doit considérer une partie prenante critique comme un risque et la manager en conséquence pour minimiser ce risque.

Soigner les responsables hiérarchiques

Les responsables hiérarchiques des membres d'une équipe projet constituent toujours une partie prenante critique. D'une part, ils estiment souvent nombreuses les pertes, comme :

- l'indisponibilité des collaborateurs ;
- la désorganisation du service ;

- les contraintes externes ;
- le conflit avec les objectifs individuels (du collaborateur) et collectifs.

D'autre part, ces responsables hiérarchiques pèsent fort sur l'allocation des ressources. Pas d'homme, pas d'avancée du projet et un risque important de dépasser les délais !

Pour éviter de se trouver dans une impasse, le chef de projet doit impérativement se rapprocher des responsables hiérarchiques et leur vendre son projet. Les gains du projet sont ses meilleurs arguments. Par exemple, il peut mettre en avant :

Repère express

Plus les ressources sont rares, plus le chef de projet doit chercher l'adhésion des responsables hiérarchiques.

- le développement de nouvelles compétences du collaborateur ;
- la mise en valeur d'une expertise de l'équipe ;
- la contribution à un projet phare de l'entreprise.

L'action auprès des managers pour les impliquer commence dès la construction de l'organigramme des tâches en leur demandant de valider les descriptifs des lots de travail. Elle se poursuit tout au long du projet avec des points de *reporting* qui les tiennent informés de son avancement.

Repère express

Communiquez le plus en amont possible du projet avec les différents managers.

Établir le plan d'actions de maîtrise

Toutes les parties prenantes (critiques ou non) méritent qu'on s'intéresse à elles : soit pour les conserver comme alliées soit pour les sortir de leur indifférence, indécision ou opposition. À cette fin, le chef de projet décide des actions à mettre en place. Il les fait apparaître dans son tableau d'analyse des parties prenantes.

Dans la plupart des cas, il s'agit d'actions de communication formelle qui complètent la communication informelle autour du projet (voir clé 1).

Actions de maîtrise de quelques parties prenantes du projet « Trail des Alpes »

Parties prenantes	Niveau de criticité	Actions de maîtrise	Responsables
Sponsor	Non critique	• Faire un *reporting* à fréquence régulière pour tenir informé de l'avancement du projet	→ Axelle (chef de projet)
Riverains	Très critique	• Tenir une réunion pour présenter le projet • Présenter les gains pour les riverains, donner le retour d'expérience de projets identiques • Créer des groupes de travail sur l'organisation de la course	→ Sponsor → Axelle (chef de projet) → Axelle (chef de projet) et équipe projet
Office du tourisme	Non critique	• Rendre acteur l'office du tourisme dans les groupes de travail organisés avec les parties prenantes critiques • Transmettre une information régulière sur l'avancement du projet • Impliquer cette partie prenante dans la communication et la publicité de la course	→ Axelle (chef de projet) → Responsable de la communication externe
Associations de protection de l'environnement	Très critique	• Déclencher une réunion avec ces associations pour présenter le projet avec zoom sur ses opportunités • Responsabiliser ces associations dans le projet pour la partie 'course label vert'	→ Sponsor et Axelle (chef de projet) → Axelle (chef de projet)

Conseil : quand une partie prenante rassemble les futurs utilisateurs du projet, considérez-la comme un client et faites valider ce statut par le sponsor du projet. Vous pouvez y dédier un lot de tâches dans l'organigramme des tâches et, du coup, dans le planning. Cette action de maîtrise, doublée d'une bonne communication, garantit l'adhésion au projet et le développement d'un outil adapté aux utilisateurs.

Repère express

L'enjeu de la communication de projet est d'influencer positivement les actes et décisions des parties prenantes.

Repère express

Pour contrer les résistances au changement, montrez que ce dernier est difficile mais nécessaire.

Créer le plan de communication du projet

Pour garantir la concrétisation des actions de maîtrise, le chef de projet ajoute au tableau trois colonnes intitulées : date de l'action, moyens, suivi. Il obtient directement le plan de communication du projet puisqu'il a sous les yeux les réponses aux questions que traite tout plan de communication :

- Qui agit ? Le responsable de l'action de maîtrise.
- Envers qui ? Telle partie prenante critique.
- Quoi ? Le message défini dans l'action de maîtrise pour obtenir l'adhésion.
- Quand ? Date à insérer dans le planning.
- Comment ? Mode de communication défini dans l'action de maîtrise.
- Pourquoi ? Parce qu'il s'agit d'une partie prenante critique.

Repère express

Appuyez-vous sur les parties prenantes alliées pour communiquer avec les parties prenantes critiques.

Ce plan de communication est à affiner en interviewant les parties prenantes pour cerner les informations qu'elles veulent entendre ou qui sont importantes à leurs yeux.

Attention ! Les parties prenantes communiquent elles aussi sur votre projet… négativement ou positivement. Plus vous les tenez au courant de son avancement et de ses impacts sur elles, plus leur communication soutient le projet. Et inversement…

→ RÉCAPITULONS

Après avoir identifié et évalué les parties prenantes critiques, le chef de projet passe à la phase des actions de maîtrise. Pour chaque action décidée, il détermine :

- un responsable ;
- une date qu'il inscrit dans le planning des tâches ;
- des moyens ;
- un suivi.

Ces actions programmées constituent le plan de communication du projet.

ET VOUS ?

1. Qui sont les parties prenantes de votre projet ?

2. Quelle analyse en faites-vous ?

3. Quelles actions de maîtrise envisagez-vous ?

4. Quel est l'impact de ces actions de communication sur votre planning ?

Piloter le projet et manager les risques

CLÉ 5

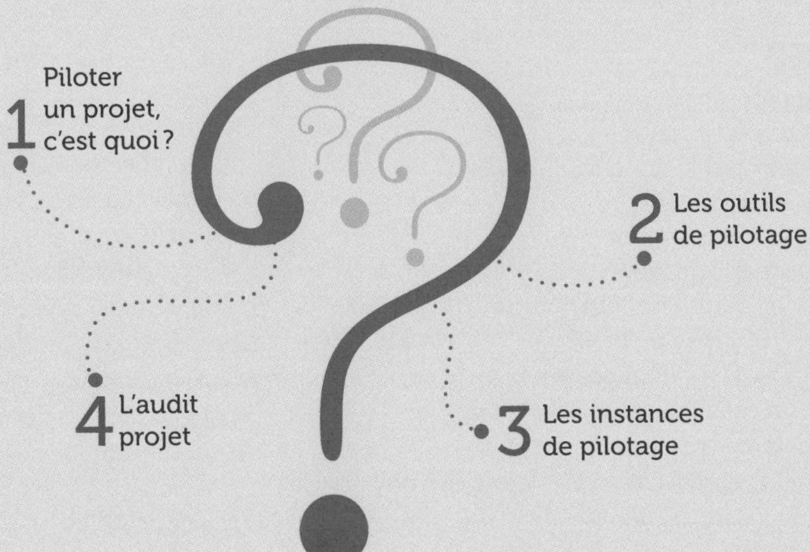

« La chute n'est pas un échec.
L'échec c'est de rester là où on est tombé. »
Socrate

1. Piloter un projet, c'est quoi ?

→ **EN BREF**

Le pilotage du projet représente les parties *check* et *act* du PDCA de la roue de l'amélioration continue (voir clé 1). Il contrôle la conformité des réalisations avec le plan de management de projet.

Y a-t-il un pilote du projet ?

Ils l'ont dit

« Si tu ne peux pas le mesurer,
tu ne peux pas le contrôler.
Si tu ne peux pas le contrôler,
tu ne peux pas le gérer.
Si tu ne peux pas le gérer,
tu ne peux pas l'améliorer. »

Harrington

Justine travaille pour un organisme de recherche sur les énergies renouvelables. Dans deux jours a lieu le *kick off meeting* de la phase opérationnelle du nouveau projet qu'elle coordonne : « DOMUS + », un projet collaboratif européen pour améliorer les performances thermiques des maisons individuelles à faible consommation énergétique. La Commission européenne finance ce projet sur trois ans et a conditionné la reconduction du financement à une livraison annuelle de livrables, notamment des publications scientifiques. Elle attend à horizon de six mois le premier livrable : les études de faisabilité.

L'enjeu de Justine est de manager et piloter à distance une équipe dispersée, aux cultures, méthodes, métiers et priorités différents : trois personnes travaillant dans le même organisme qu'elle mais dans des laboratoires distincts et sept partenaires externes (industriels et organismes de recherche) disséminés en Europe.

Les dix membres de l'équipe sont attendus pour le kick off meeting. Justine compte bien travailler avec eux sur les règles de pilotage de « DOMUS + », notamment sur :

- les responsabilités de pilotage de chacun ;
- les indicateurs et tableaux de bord du projet ;
- les instances de pilotage.

Le pilotage du projet est un facteur important pour construire la confiance du client.

Les conditions de pilotage sont-elles réunies ?

Certaines conditions sont nécessaires pour permettre le pilotage. À défaut, le chef de projet risque de peiner à piloter et donc à atteindre les objectifs.

Maîtriser les outils et les méthodes de pilotage

Être chef de projet, c'est un métier qui s'apprend. Il y a des méthodes et des outils de pilotage à acquérir : le chef de projet qui part la fleur au fusil avec une méconnaissance de ce que sont les indicateurs, les tableaux de bord et les instances de pilotage risque de rencontrer des problèmes !

Repère express

Un bon expert technique ne fait pas nécessairement un bon chef de projet.

Avoir des appuis autoritaires à solliciter

La plupart du temps, le chef de projet n'a pas le pouvoir de s'allouer les ressources supplémentaires nécessaires au pilotage complet de son projet.

Repère express

Présentez vos besoins en ressources en termes de gains pour le projet et non de coûts.

Par exemple, il n'a pas l'autonomie de combler ses besoins en ressources (humaines, financières, etc.) pour stopper une dérive du projet. Il doit donc alerter le sponsor ou la direction et savoir trouver les arguments pour les aider à décider.

Avoir développé une planification

Il est très difficile voire impossible de mener un pilotage efficace sans avoir développé une solide planification en amont.

Le chef de projet paye toujours dans son pilotage une planification bâclée ou omise : la partie organisationnelle du projet manque de clarté et il a une vision tronquée des risques associés au projet.

Dédier un lot aux tâches de pilotage

Pensez à planifier les tâches de pilotage. Elles font partie des missions du chef de projet, lui reviennent comme lot. Les insérer dans le planning évite de les oublier. Leur planification fait valoir, en interne comme en externe, que le pilotage prend du temps. Sa prise en compte dans la planification permet donc aussi d'ajuster le coût réel de fonctionnement du projet : le pilotage sera inclu dans le budget global du projet.

Garder du recul sur l'opérationnel

Parfois le chef de projet est responsable d'un ou plusieurs lots de tâches en lien avec ses compétences métier. Attention ! Il risque de consacrer l'essentiel de son temps et de son énergie à l'opérationnel. Résultat : personne ne pilote le projet.

→ RÉCAPITULONS

Le chef de projet doit se préparer au pilotage en s'assurant qu'il dispose :

- des compétences spécifiques au métier de chef de projet ;
- d'une certaine marge de manœuvre ;
- d'une vision complète de la planification du projet ;
- d'une disponibilité suffisante.

2. Les outils de pilotage

→ EN BREF

Le chef de projet pilote à l'aide des indicateurs de son tableau de bord. Sur cette base objective, il informe de l'avancement du projet et détermine les éventuelles actions à entreprendre.

À quoi servent les indicateurs ?

Mesurer et communiquer

Les indicateurs sont des outils de mesure. Ils permettent de suivre l'évolution du projet par rapport à l'objectif fixé et de photographier la situation à un instant t.

Le chef de projet doit donc définir quels sont les indicateurs les plus pertinents pour piloter son projet. Certains relèvent de son choix personnel, d'autres s'imposent.

Repère express

Les indicateurs sont des signaux d'avancement du projet et de création de valeur. Pensez-y pour entretenir la motivation des parties prenantes dans les projets à long terme.

Par exemple, Justine doit intégrer à son pilotage tous les indicateurs issus du processus de gestion de projet interne à son organisme.

Les indicateurs constituent des données objectives pour alimenter la communication sur le projet auprès des différentes parties prenantes. Appuyez-vous dessus pour montrer que le projet est en bonne voie ou que vous avez détecté des dérives. Une fois encore, toutes les parties prenantes n'ont pas besoin des mêmes indicateurs ni du même niveau d'information : transmettez à chacune les indicateurs qui la concernent et assurez-vous qu'elle les comprenne.

Orienter l'action

Repère express

Limitez le nombre d'indicateurs pour avoir les moyens de les suivre jusqu'au bout.

Tout l'intérêt des indicateurs repose dans l'analyse que le chef de projet en fait. Cette analyse marque la frontière entre le *check et le act* dans la roue de l'amélioration continue.

C'est sur la base de cette analyse des indicateurs que le chef de projet décide de déclencher ou non des actions d'amélioration.

Dissocier résultat et fonctionnement

Repère express

Impliquez les parties prenantes dans la définition des indicateurs. Vous obtiendrez une vision partagée du pilotage et de la motivation.

Le pilotage repose sur deux grandes familles d'indicateurs : ceux qui concernent le résultat et ceux qui concernent le fonctionnement du projet. Les deux sont indispensables car ils poursuivent des finalités différentes et complémentaires : en se focalisant uniquement sur l'une ou l'autre, le chef de projet court le risque de découvrir son client insatisfait.

Les indicateurs de résultat

Ils se calent sur les objectifs à atteindre et permettent donc de statuer sur l'efficacité du projet (est-il capable d'atteindre les objectifs ?). Ces indicateurs intéressent surtout le chef de projet, les clients du projet et la direction : ils sont bien les premiers à attendre du résultat !

Dans cette famille d'indicateurs, on trouve le fameux trinôme QCD (qualité, coûts, délais) qui mesure :

- le taux de satisfaction du client (qualité) ;
- l'évolution du budget (coûts) ;
- le respect des deadlines (délais).

Dès la phase d'initialisation du projet DOMUS +, la lettre de mission et le contrat spécifient à Justine de mettre en place ces indicateurs de résultat :

Repère express

Mettez en place les indicateurs de résultat dès que possible !

- le respect des délais des livrables annuels (délais) ;
- la courbe des dépenses réelles par rapport au budget prévisionnel alloué par la commission (coûts) ;
- les performances techniques obtenues (gain thermique) en fonction des solutions envisagées (qualité) ;
- le nombre de publications réalisées.

Attention, piloter son projet sur le résultat ne suffit pas, certains objectifs ne pouvant être mesurés qu'en fin de projet. On risque l'effet tunnel : alors que le projet arrive à son terme, le client se déclare insatisfait en découvrant la mesure fournie par l'indicateur. Et là, il est trop tard pour se contenter d'une petite action rectificative...

Les indicateurs de fonctionnement

Ces indicateurs surveillent les risques majeurs du projet et permettent d'anticiper une non-atteinte de l'objectif : la dérive d'un indicateur de fonctionnement signale un risque non maîtrisé. Comme les risques identifiés sur le projet peuvent avoir un impact sur les objectifs, l'indicateur de fonctionnement permet d'anticiper toute dérive d'un indicateur de résultat.

Cette famille d'indicateurs intéresse essentiellement le chef de projet et son équipe : le client et le sponsor n'ont pas besoin de ce niveau de détail. En revanche, le chef de projet doit impérativement les alerter s'il constate la dérive d'un indicateur de fonctionnement qu'il ne maîtrise pas.

Repère express

Soyez bien au clair dans l'équipe sur les rôles et responsabilités de chacun dans le pilotage. Chacun reste responsable du pilotage de son lot de tâches.

Parmi les indicateurs de fonctionnement usuels, on trouve la fréquence des réunions de pilotage (nombre des revues de projet planifiées), la disponibilité d'un collaborateur ou d'un équipement, etc.

Dans le fonctionnement du projet DOMUS +, Justine a identifié trois risques :

- Différence gênante de niveau de compétences techniques entre les partenaires du projet. Pour maîtriser ce risque, elle prévoit dans son planning une action « formation des partenaires ».
- Différence de culture méthodologique entre l'organisme de recherche de Justine et les partenaires, notamment en termes de culture projet : l'absentéisme aux réunions d'avancement du projet est un risque important.
- Dérive dans le planning pour respecter le délai du premier livrable.

Pour piloter le projet DOMUS + en tenant compte de ces risques, les parties prenantes et Justine retiennent les indicateurs de fonctionnement suivants :

- taux de partenaires formés sur les aspects techniques ;
- taux de participation des membres de l'équipe aux réunions d'avancement ;
- suivi de l'avancement des tâches sur le chemin critique du planning.

Et le planning de Gantt ?

Le planning de Gantt est un indicateur-clé à suivre dans tout projet : il permet de piloter aussi bien le résultat que le fonctionnement du projet. En effet, il contient des données qui alimentent le pilotage global du projet, comme :

- les jalons et livrables du projet ;
- les risques en termes de QCD ;
- les tâches de pilotage.

→ RÉCAPITULONS

Les indicateurs sont des outils de mesure et de communication. À côté du planning de Gantt, on distingue dans le tableau de bord deux familles d'indicateurs indispensables et complémentaires :

- les indicateurs de résultats : orientés sur les objectifs, destinés au client et au sponsor du projet ;
- les indicateurs de fonctionnement : orientés sur les risques, ils intéressent surtout l'équipe projet.

3. Les instances de pilotage

→ **EN BREF**

Différents types de réunion scandent la vie d'un projet. Elles réunissent des participants différents et poursuivent des finalités variées. Elles permettent de structurer le pilotage en créant des boucles d'amélioration à différents niveaux. Passage en revue rapide.

La revue de projet

C'est le nom communément donné aux réunions d'avancement du projet.

Repère express

La revue de projet inclut toujours le management des risques : point sur les risques passés, actualisation des risques identifiés, alerte sur de nouveaux risques.

Objectifs

- Piloter le projet (phases *check* et *act* du PDCA).
- Communiquer.
- S'assurer que le projet reste adapté au contexte dans lequel il évolue.

Participants

Au minimum, le chef de projet et l'équipe projet (les responsables de lot de tâches).

Contenu

- Rappel des objectifs et du périmètre du projet.
- Suivi des actions décidées lors de la revue précédente.

- État d'avancement des lots de travail, activités réalisées (suivi des livrables, indicateurs, planning, risques, points forts, difficultés rencontrées).
- Évolutions éventuelles du contexte du projet (client, organisation interne, nouveaux enjeux, réglementation).
- Point sur les lots de travail, activités à venir (mise à jour des risques).
- Plan d'action (qui fait office de compte-rendu de la revue).

Repère express

Soyez positif durant la revue de projet : dites ce qui se passe bien dans le projet, les points forts de l'avancement.

Pour préparer efficacement la revue et faire un point précis sur leur pilotage, le chef de projet peut suggérer aux responsables de lot d'y venir avec un document prérempli.

Document de préparation de la revue

Nom du lot de tâche :	**Responsable du lot :**
Rappel des objectifs :	
Avancement résultat : (objectifs qualité – coûts – délais)	
Point sur le fonctionnement : (risques)	
Difficultés rencontrées :	Points forts – Faits marquants :

Fréquence

La fréquence peut varier en fonction de chaque projet (sa taille, sa durée globale, ses risques) et selon ses phases.

Repère express

Conservez soigneusement les comptes rendus des revues. Ils constituent la preuve de votre pilotage.

Pour le projet DOMUS +, Justine prévoit une revue de projet mensuelle. Elle adaptera le rythme en fonction des risques identifiés sur le planning.

Ils l'ont dit

« Se réunir est un début ; rester ensemble est un progrès ; travailler ensemble est la réussite. »

Henry Ford

La réunion technique

Objectifs

- Résoudre un problème technique ponctuel.
- Organiser une tâche technique.
- Communiquer.

Participants

- Le responsable de lot concerné et les experts techniques ou métier.
- Le chef de projet si la réunion traite un risque fort du projet.

Contenu

La réunion prend la forme d'un atelier de travail sur une problématique technique spécifique :

- présentation de la problématique ;
- analyse des causes et recherche de solutions ;
- décision à inscrire dans le compte rendu.

Fréquence

En fonction des besoins.

Le *reporting* direction/la revue client

Objectifs

- Remonter de l'information sur l'atteinte des résultats du projet.
- Assurer son devoir d'alerte.
- Récupérer de l'information sur des éléments de contexte.
- Prendre des décisions.

Repère express

L'information doit circuler dans les deux sens.

Contenu

- Remontée d'information.
- Récupération d'information.

Participants

- *Reporting* direction : le chef de projet et le sponsor et/ou un comité de pilotage.
- Revue client : le chef de projet et le client.

Fréquence

Elle peut être contractuelle, définie dès la phase d'initialisation. En ce qui concerne DOMUS +, Justine a planifié les réunions en fonction de deux critères :

- les exigences du client et du sponsor (celui-ci lui demande un point QCD mensuel) ;

- ses propres besoins de chef de projet : par exemple, elle souhaite déclencher un point de *reporting* en fin de première phase du projet (livrable d'étude de faisabilité technique). En effet, elle a identifié la faisabilité technique comme un risque fort du projet. Les résultats obtenus en fin de lot 1 pourraient avoir un impact important sur le projet. Lors de ce point de *reporting*, elle compte présenter les résultats au sponsor et, selon leurs conséquences sur la suite du projet, décider avec lui des actions à entreprendre.

→ RÉCAPITULONS

Au chef de projet de veiller à organiser les différentes instances de pilotage :

- des revues de projet régulières avec les responsables de lots ;
- des réunions techniques en fonction des besoins ponctuels ;
- des *reportings* direction et revues client autant que nécessaire pour assurer les flux réciproques d'information.

4. L'audit projet

→ EN BREF

L'audit est un point de contrôle, à un instant donné, de l'ensemble ou d'une partie du projet. Il mesure sa conformité à un standard prédéterminé (référentiel projet de l'entreprise, plan de management de projet, etc.).

Un œil externe posé sur le projet

Qu'il soit interne ou externe à l'entreprise, l'auditeur du projet est toujours externe au projet. Il y porte ainsi un œil objectif.

L'audit projet fournit au chef de projet et à son équipe :

- une évaluation indépendante du projet ;
- un outil de management des risques assurant que les actions et contrôles sont adaptés et opérationnels ;
- un partage de bonnes pratiques dans le projet et entre différents projets menés dans la structure ;
- une vision objective du déploiement de la logique du PDCA dans le projet ;
- un levier pour passer à l'action ou déclencher des actions d'amélioration ;
- une opportunité pour évaluer la qualité et le fonctionnement de la communication dans le projet ;
- une occasion de communiquer sur le projet avec les différentes parties prenantes.

Repère express

Respectez le principe déontologique d'indépendance de l'auditeur.
Évitez à quiconque d'être juge et partie.

Justine pourrait solliciter auprès du service qualité de son organisme l'audit d'une partie critique de son projet. Par exemple : un audit des lots de tâches apparaissant sur le chemin critique de la première phase opérationnelle du projet (objectif : livraison du premier livrable).

Repère express

Celui qui a la tête dans le guidon du projet n'en perçoit plus ni les forces ni les axes d'amélioration.

Repère express

Solliciter un audit fait partie de la mission du chef de projet.

L'audit lui fournirait un outil efficace de management des risques identifiés.

Justine pourrait également déclencher l'audit d'un lot de tâches géré par un partenaire du projet ne partageant pas les mêmes méthodes que son organisme. L'audit poursuivrait trois objectifs :

- s'assurer du bon déploiement par ce partenaire de la démarche adoptée pour le projet ;
- communiquer et expliquer des éléments de méthode incompris par ledit partenaire ;
- définir ensemble des axes d'amélioration pour la planification, la réalisation et le pilotage du lot de tâches géré par ce partenaire.

Repère express

Le *benchmark* interne entre les projets ouvre les yeux des chefs de projet.

Pourquoi ne pas inciter tout chef de projet à auditer d'autres projets que le sien ? Cette démarche le ferait monter en compétences dans le pilotage de son propre projet et lui ferait identifier des axes d'amélioration.

Une logique d'amélioration continue

L'auditeur suit la logique de la roue de l'amélioration continue qui est aussi celle de la démarche projet. L'auditeur prend une photo du projet à un instant t. Il scrute l'ensemble du projet ou zoome sur certaines phases. À chaque périmètre de l'audit correspondent des thèmes et une partie prenante à auditer.

Repère express

Soyez au clair sur les objectifs et le périmètre de l'audit.

Périmètres, interlocuteurs et thèmes de l'audit

Partie prenante auditée	Phase du projet auditée	Thèmes audités
Sponsor du projet	Phase 1 Initialisation	Lettre de mission du projet Objectifs Enjeux Périmètre Contraintes
Chef de projet	Phase 2 Planification	Nomination, responsabilités du chef de projet Interface avec la phase 1 d'initialisation Planification du projet Plan de management de projet Démarche d'analyse des risques Planification de la communication
Un responsable de lot Des acteurs opérationnels	Phase 3 Réalisation	Un lot de travail critique dans le projet Rôle du Responsable de lot Planification du lot Management des risques du lot Déploiement opérationnel Communication aux acteurs Pilotage du lot de tâches
Chef de projet	Phase 4 Pilotage	Outils de pilotage Indicateurs et tableau de bord Instances de pilotage Pilotage des risques Actions déclenchées pour améliorer le projet Management des parties prenantes Management des changements
Sponsor	Phase 4 Pilotage	Soutien de la Direction suite à un devoir d'alerte du Chef de projet Management des changements Gestion des priorités Vision multi-projets

→ RÉCAPITULONS

L'audit pose un regard externe et objectif sur le projet ou une de ses parties. Il permet :

- de sécuriser le management des risques du projet ;
- de dégager des axes d'amélioration dans la planification, la réalisation et le pilotage du projet.

Il est à voir comme une opportunité et non comme une contrainte.

ET VOUS ?

1. Quelle place donnez-vous au pilotage de votre projet ?

2. Avez-vous construit ce pilotage dès la planification du projet (en lien avec l'organigramme des tâches et le planning de Gantt) ?

3. Concrètement, quels pourraient être les indicateurs pertinents de votre projet ?

4. Les instances de pilotage du projet vous assurent-elles un pilotage aux différents niveaux du projet (avec le client, la direction, votre équipe) ?

5. Comment considérez-vous l'audit : plutôt comme un levier d'amélioration ou comme une contrainte ?

Lexique

- **Action de maîtrise/*Action plan*** Action en vue d'aligner la performance avec les objectifs du projet.
- **Cahier des charges/*Statement of work*** Description contractualisée des exigences requises pour atteindre les objectifs du projet.
- **Indicateur/*Metric*** Outil objectif d'évaluation et d'aide à la décision (pilotage, ajustements et rétro correction).
- **Jalon/*Milestone*** Point ou événement significatif du projet.
- **Sponsor** Personne ou groupe responsable de faciliter la réussite du projet en fournissant ressources et soutien.
- **Lettre de mission/*Project charter*** Document qui formalise l'existence d'un projet et donne autorité au chef de projet.
- **Livrable/*Deliverable*** Résultats (produits, services) attendus par le client ou le commanditaire du projet.
- **Lot de tâches/*Work package*** Sous-groupe de tâches à réaliser dans le projet.
- **Organigramme des tâches/*Work breakdown structure*** Représentation graphique des relations hiérarchiques au sein de l'équipe projet.
- **Partie prenante/*Stakeholder*** Individu, groupe ou organisme concerné par une activité ou le résultat du projet.

- Plan de mitigation/*Mitigation plan* Ensemble de mesures d'atténuation d'effets des risques.
- Planning de Gantt/*Gantt chart* Représentation chronologique des actions du projet.
- Projet/*Project* Entreprise temporaire initiée dans le but de fournir un produit, service ou résultat unique.
- Ressources/*Resources* Personnel compétent, équipement, service, fourniture, produits de base, matériaux, méthode, budgets ou fonds.
- Réunion de lancement/*Kick off meeting* Point de départ officiel d'un projet en présence de l'équipe et des responsables du projet. Sont présents le cas échéant : le groupe de pilotage et d'accompagnement et les partenaires.
- Risque/*Risk* Événement potentiel, avec un impact positif ou négatif sur les objectifs du projet.
- Spécification/*Specification* Document spécifiant de manière complète, précise et vérifiable les exigences d'un système, produit ou service.

71692 - (II) - (0,8) - OSB 90° - 505/021 - PCA - MLN

JOUVE
1, rue du Docteur Sauvé, 53100 MAYENNE
N° 2250518U
Dépôt légal : août 2014
Suite du tirage : octobre 2015

Imprimé en France